저자 근영

1969년 4월 10일

2009년 4월 5일 『도레미파솔라시도의 합창』 출판기념회 때 손주들과 가족이 함께

세월 따라 가는 마음

조선문학수필선 7

세월 따라 가는 마음

유 설 자 수필집

조선문학사

■ 책머리에

두 번째 수필집을 내면서

세월은 언제나 아쉬움을 모른 채 담담히 흐르고 있다. 여자는 나이가 들어도 영원히 여자로 인정받기를 원하는 심리를 충족시켜주는 가장 적절한 표현의 어느 시인(詩人)이 읊은 "젊음은 이쁨이요, 늙음은 아름다움이라"라는 시(詩)가 있다. 젊음이 지나 이제 노년의 삶으로 접어든 나이에도 아름다움이 좋은 것을 숨기지 못한다.

특별히 행복을 연구하는 학자들에 따르면 사람은 누구나 행복해지는데 필요한 99%의 요소를 이미 갖고 태어난다고 한다. 나머지 1%는 스스로 노력하여 채워가는 것이고 99%의 잠재력은 1%의 노력에 의해서 깨어날 수 있다는 것이다. 나의 삶에도 1%의 노력이 분명 오늘도 이어가고 있다고 마음 가득 자부해보는 시간이다.

비록 손자 손녀들 때문에 할머니 소리를 듣지만 언제까지나 마음은 청춘인 것을 나이가 들었다고 낭만을 느끼지 못하거나 좋아하는 감정이 없다면 얼마나 메마른 삶이고 얼마나 삭막할까. 저절로 웃음이 번지고 재잘대던 사춘기 여고시절! 수북이 내려앉은 노오란 빛 고운 은

행잎을 골라 책갈피에 끼우며 만추(晩秋)의 황홀함에 젖어 어설픈 글쓰기에 열을 올리기도 했었다.

지금은 젊은이들이 누리고 있는 젊음을 우리는 이미 누렸으며 그런 시절을 모두 겪었다는 사실에 만족해야 하는 황혼의 나이다. 얼굴에 피워낸 "주름살과 함께 품위가 갖추어지면 존경과 사랑을 받는다"는 위고의 말에 조심스럽게 귀를 기울이며 2009년에 첫 번째 수필집 『도레미파솔라시도의 합창』을 펴냈고, 이어서 『세월 따라 가는 마음』이란 제목을 달고 두 번째 수필집을 세상에 내놓게 되었다.

나에게 문학의 길로 이끌어 주신 조선문학의 박진환 박사님과 해외문학의 조윤호 회장님께 무한한 감사를 드린다. 10년이면 강산이 변한다는데 수년간 지면을 허락해주신 워싱턴한국일보, 늘 사랑과 격려를 주신 워싱턴한국일보 박태욱 편집국장님과 정영희 기자님께 무한한 감사를 드린다.

부족한 글들을 한 권의 책으로 나오기 까지 출판을 도와준 조선문학사에도 감사를 드린다. 내게 사랑을 느끼게 해준 사랑하는 문우들에게도 고마움을 전한다. 끝으로 묵묵히 외조를 아끼지 않는 사랑하는 남편과 늘 희망과 용기를 주는 두 딸가족에게 감사와 사랑을 전한다. 이 모든 길을 마련해주신 무한한 하나님의 은혜와 사랑에 큰 영광을 올려드리면서…….

2013년 10월

미국 Virginia 에서

유설자

■ 하서(賀書)

순수한 소녀의 마음 길이길이

정세권

(미주한인전국재단 명예총회장)

지난 사십여 년 동안 워싱턴 지역에 이민 보따리를 풀고 살면서 수많은 한인들과 이런 저런 연유로 만나면서 생활하고 있지만 가족 이외 정기적으로 일주에 한 번 이상 만나는 사람들은 같은 교회에서 예배를 함께 드리는 형제자매들이라고 생각한다. 그 중에 한 분이 바로 유설자 집사님이다.

유 집사님이 지난달 하순에 교회에서 잠깐 인사를 나누면서 속삭이듯 부탁드릴 것이 있다고 한 후 며칠이 지나서 보내온 이메일을 받아보니 곧 출판하게 될 책의 '서문'을 써 달라고 하는 것이었다. 원래 글 쓰는 재주가 없는 나로서는 고민이 되었지만, 그동안 집사님이 신문지상을 통하여 발표된 글들을 빠짐없이 즐겨 읽어온 팬으로서, 또한 삼

십여 년 신앙생활을 함께하고 있는 교우로서 그리고 아내와는 둘도 없는 친구인지라 기꺼이 순응하지 않을 수 없는 이유를 먼저 밝힌 후 졸필을 잡는 것이 도리인줄 알고 이렇게라도 설명을 하고 펜을 잡으니 한결 마음이 평안한 것 같다.

천지만물을 창조하신 하나님께서 지구 동방에 한 나라를 세워 주셨으니 이름하여 오늘의 대한민국, 지나온 반만년 동안 온갖 고초를 다 이기게 하시고 한민족을 축복해 주셔서 우리 한인들을 청교도 정신으로 건립한 미국 땅에 이주시켜 주시고, 오늘날 이백만이 넘는 한인들이 미국 곳곳에 삶의 둥지를 틀고 살게 하신 하나님께서 미국에 보내신 사람 중에 '유설자'로 불리우는 사람이 있으니 과연 어떤 인물인지 궁금해 할 수도 있지만 겉으로 보기에는 평범한 가정주부이고, 두 딸의 어머니이면서 여덟 손주의 할머니가 되시고, 섬기는 교회에서 찬양대원으로 봉사하며, 매년 여름철 세계 여러 나라에 단기선교로 하나님이 주신 복음전파 사역을 담당하고, 이렇게 빈틈없는 일상생활 중에서 타의 추종을 불허하는 한 가지 특이한 사실은 이렇게 바쁜 이민생활 가운데에서 글 쓰는 은사를 하나님이 주신 것이다.

지난 2009년 4월 5일에 수필가 유설자 씨가 첫 번째 출간한 『도레미파솔라시도의 합창』의 출판기념회에 초대 받아 참석한 본인이 놀란 것은 그동안 신문지상에 발표된 글은 빙산의 일각이고, 다양한 소재는 물론 사람으로서 생각하며 움직이는 동작 하나하나도 그냥 넘어가지 않고 보고 느끼고 체험한 것들을 적나라하게 그대로 펜끝을 통하여 세상에 내놓을 수 있을까 하는 의구심은 나 혼자만의 생각이 아닐 줄 아는 것이다.

수필가로 세상에 두각을 나타낸 유설자 씨는 미주 한인이민사회에 국한하지 않고 2005년에 조선문학(서울) 신인작품에 수필이 당선되어 등단하였고 이어서 2006년 해외문학(LA)에 수필가로 다시 등단, 명실공히 수필가로 알려져 있다. 유설자 씨는 2009년 첫 수필집 『도레미파솔라시도의 합창』을 발간한 후에도 워싱턴 여류수필가협회 등에서 봉사, 활약하면서 2013년 10월 두 번째 수필집으로 『세월 따라 가는 마음』을 출간하는 그 열정을 다시 한 번 크게 치하하지 않을 수 없는 것이다.

부탁드리고 싶은 한 가지는, 세월은 흘러가지만 순수한 소녀의 마음을 길이길이 간직하고 아름다운 꽃향기를 계속하여 품어 줄 수 있기를 바라며, 이제까지 지켜주시고 동행하시는 하나님께서 영육 간에 강건하게 해주시기를 간절히 기원하는 바이다.

세월 따라 가는 마음 contents

제1부 만남

제2부 텃밭에는 지금

제3부 세월 따라 가는 마음

제4부 웃는 얼굴

제5부 추억의 길을 따라

제6부 삶을 대하는 마음가짐

제7부 여행기

제1부

만 남

어머니가 그리운 밤
- 어머니의 기일을 맞아

봄, 여름, 가을 없이 평생을 자식을 위해서라면 물불을 가리지 않고 헌신하셨던 어머니! 6남매가 모두 가정을 이루고 잘 사는 것을 보고 싶어 하셨던 어머니! 오늘은 어머니가 한없이 그립습니다. 손 내밀면 해님처럼 따스하던 어머니의 그 손길이었는데, 이민초기 살기 바빠 그토록 일주일에 한 번씩 날짜 맞춰 보내라는 편지를 드리지 못한 불효가 가슴을 칩니다.

만석꾼 부농(富農)의 맏따님으로 태어나시어 금지옥엽으로 사랑 받으시다 17살 꽃다운 나이에 부모님이 정해준 신랑 얼굴 한번 못보고 그저 결혼이 그런 것인가 하고 시집와 맏며느리의 임무를 손이 닳도록 그 많은 시집식구들 치다꺼리하시느라 얼마나 힘드셨습니까.

어머니가 가신지 36년의 세월이 흘렀습니다. 며칠 후면 어머니의 기일이십니다. 그래서 더 사무치게 보고픈가 봅니다. 이승의 그 어디에도 안 계신 어머니는 세월이 흐를수록 거울 속 제 모습에서 가끔 보이십니다. 온통 사랑이시고 인자하시며 따뜻한 성품을 제가 감히 닮을 수 있으리오마는 제가 갈수록 어머니의 그 모습은 제 얼굴에 들어 계십니다. 잔잔한 그리움만이기에는 너무 절절한 보고픔에 눈시울이 뜨겁고 가슴이 아려옵니다.

사랑하는 어머니! 어머니께서 편찮으시단 국제전화 받고 급히 달려간 서울 고려병원에서의 만남은 가슴 저리는 아픔이었습니다. 무엇으로 엄마의 건강을 되찾을 수 있을까. 어머니 곁에서 간병하면서 가슴 시렸던 그 많은 날들은 어머니의 눈을 바라보기조차 안타까웠습니다. 어린 막내아들이 안쓰러워 아픈 몸에도 아들을 바라보시던 어머니의 온화한 미소. 그토록 안타까워 눈도 못 감고 가셨던 어머니! 그 막내동생은 벌써 대학생인 한 아들의 아버지로 늠름하게 생업에 충실하며 잘 살고 있습니다.

어머니! 부모에게 있어서 자식은 어떤 존재입니까? “너도 이 다음에 자식 낳아 키워보아라” 하셨지요. 어머니께서 주셨던 그 깊고 깊은 사랑에 보답 한번 제대로 못한 맏딸이 이제야 비로소 조금 알듯 합니다. 어머니! 집안의 대소사에 언제나 막강한 임무를 수행하느라 무던히도 애쓰던 부모 같은 오빠가 늘 든든했지요.

그런데 갑작스런 병환으로 오빠가 세상을 떠난지 어느 새 2년여의 세월이 지나고 있습니다. 때때로 나이 듦에 대한 의기소침으로 우울해질 때 오빠가 고국에 턱 버티고 있어서 지금은 “오빠! 나야 설자” 하

첫딸 수정이와
어머니와 함께
(1970년)

며 수화기를 들어봐도 마음 털어놓을 오빠로 향한 그 전화선은 갈 곳을 잃었습니다. 늘 그립고 가슴 아리는 슬픈 마음만이 우리 형제들의 가슴에 영원히 남을 것입니다.

바람처럼 가버리는 것이 인생이요, 한줌의 흙으로 돌아가는 허망한 인생인데 저는 세상에 무엇을 놓고 갈까요? 어머니는 부르고 불러도 대답 없는 님이 되셨지만 마음 한구석에 늘 어머니의 잔재가 남아 있습니다. "살리는 것은 영이니 육은 무익하니라" 어머니가 늘 암송하시던 성경말씀입니다. 이 말씀을 암송하시던 모습이 떠올라 가만히 미소 지어 봅니다.

오늘은 유난히 친정어머니가 계신 분이 가장 부럽고, 도란도란 얘기 나눌 엄마가 그리운 밤입니다. 열심히 그리고 바쁘게 살아가는 어머니의 막내아들과 세 딸들이 한자리에 모여 어머니의 기일을 기리며 사랑하는 부모님과 아끼던 오빠를 추모하는 자리를 마련할 겁니다. 어머니의 기일을 맞아 더욱 사무치게 보고픈 어머니! 너무너무 사랑합니다.

옛 추억을 그리워한다는 것은

봄날이다. 겨우내 시꺼멓게 굳어있던 고목에도 잎이 솟아났다. 눈이 부시도록 노오란 개나리와 수선화가 멋을 내는 이즈음엔 난 어김없이 옛 추억 속 단발머리 어린 시절로 타임머신을 타고 50여 년 전으로 되돌아가는 버릇이 있음을 숨기지 못한다. 아지랑이 곱게 피어나고 뻐꾸기 울어대던 양녕대군 묘를 지나 관악산으로 가는 길목에 풍취 좋은 저수지가 있었고 울퉁불퉁 돌멩이 사이사이를 헤치며 졸졸 흐르는 냇가는 어찌나 물이 맑은지 동네사람들의 빨래터로 훌륭했다.

여름방학이 되어 빨랫감을 챙기고 갈라치면 동생들은 줄줄이 내 뒤꽁무니를 쫓아와 챙겨간 김밥을 나누워 먹는 재미도 쏠쏠했다. 6남매 중 맏이인 난 뽀얗게, 통통하게 살이 붙어야 했는데 체질이 약해 언제나 빌빌거려 엄만 맛있는 음식만 보면 나부터 챙겨 먹이기에 바빴으니까. 어찌나 말랐던지 목젖이 남자같이 툭 튀어나왔다고 아마도 '난 여자가 아닌가 봐' 말 못하고 혼자 고민하며 한동안 우울증에 빠져 엄마의 마음에 꽤나 큰 근심을 드린 딸의 엉뚱한 사춘기의 사고방식을 누가 말렸겠는가. 그 덕(?)에 난 생물학에 관심을 갖고 열심히 지식을 쌓고 조금은 유식해지기도 했고, 학비에 보탬을 갖기 위해 가정교사로 일한 경력 속에 인기선생의 길로 잠시 들어서기도 했었다.

언덕 위에 새집을 짓고 이사한 후에는 당분간 수도공사가 지연돼 물지게로 물을 길어 나르며 출렁이는 물세례에 옷을 흠뻑 적시기도 했고, 더운 여름날 우물에서 길어 올린 물로 동생들과 서로 등물을 해주며 낄낄대던 그 시절! 참 시원했는데…….

한때는 갑작스런 아버지의 사업실패로 힘들기도 했지만 다시 재기하신 아버지의 부(富)에 힘입어 남부럽지 않은 삶 속에서도 어머니는 항상 겸손하고 정직한 삶을 살라고 교훈을 주셨고 머리에 잔뜩 이고 찾아온 행상꾼들을 그냥 보내지 않는 어머니의 사랑에 우리 장독대의 간장과 된장, 고추장은 언제나 퍼내기에 바빴다.

어머니가 소풍 전날 사주신 운동화를 안고 밤새 비올까 내내 마음 졸이며 밤하늘을 뚫어지게 올려다보면서 잠 설쳐대며 들락거렸던 더 어린 시절엔 술래잡기와 고무줄놀이, 그리고 엿장수 아저씨가 잘라주는 엿이 어찌나 맛이 있었던지. 잊지 못하는 추억 속엔 '서울내기 다마내기' 놀림을 받은 부산 피난 시절을 겪고 서울로 올라오는 기차간엔 화장실이 없어 쩔쩔매다가 대전인가 하는데서 기차가 잠시 서있는 동안 잽싸게 기차에서 내려 동생과 밖에서 실례를 하고 기차를 타려는데 기차는 어느새 저 만치 조금씩 움직이며 기적을 울려대고 조금만 시간을 지체했더라면 우린 영락없이 고아가 될 뻔했던 그 아찔했던 순간도

여고시절(1960년)

지나갔다.

추운 겨울날 S여중 입시시험을 보고, 합격자 발표 날에 혼자 가서 목이 빠지게 올려다본 합격자 명단에 내 수험번호 400번과 내 이름을 발견하고는 남영동에서 원효로까지 숨이 차도록 한걸음에 달려가 "엄마 나 합격했어." 그 소리가 어찌나 헐떡거렸는지 "뭐 떨어졌다고?" 그래서 한바탕 웃음을 자아낸 맏딸의 신통한 1차 합격에 동네에서 한바탕 잔치를 벌리기도 했었다.

학창시절엔 그렇게 살찌라고 엄마의 지극정성에도 끔쩍 않더니 결혼 후에는 먹는 대로 살이 붙어 임신하고는 굴러다니게 뚱보로 변해 갔으니 나의 어머니도 처녀 때는 수수깡 체네(평안도사투리)라는 별명이 붙었다는 어머니의 체질을 고스란히 물려받은 것이리라.

첫째와 둘째 임신초기엔 그렇게도 녹두 빈대떡에 입맛을 돋구고 시어머니께서 녹두 빈대떡과 곁들여 막걸리를 사다주시며 이것 먹고 아들을 낳으라고 하셨건만 아들은 낳아보지도 못하고 딸만 둘을 낳았으니 그래도 시어머님은 딸도 잘 키우면 아들 못지않다고 격려주신 그 자상함에 감사한다. 첫딸 산후조리도 시어머님의 정성에 호강했고 둘째 산후조리는 미국에서 남편이 국물은 없고 몽땅 미역만 한 냄비 가득 넣어 끓인 미역국을 먹으며 눈물깨나 흘린 날들이 흐르는 세월에 밀려갔다.

딸들이 잘 성장해 중, 고, 대학을 졸업하고 직장생활 하던 중 결혼하고 이제는 줄줄이 사탕 여덟 손주들의 바쁜 할머니가 되어 허덕일 텐데 그래도 딸들이 효녀(?)들이라 큰딸네는 리치먼드(한 시간 반)에, 작은딸네는 노스캐롤라이나(6시간) 먼 곳에 살고 있어 그런대로 난 자유로이 내 일상의 삶을 즐길 수 있으니 이 또한 딸들에게 감사하지 않을 수 없다.

항상 추억을 버리지 못해 가슴 한켠에 여백의 보따리를 끼고 훌쩍 지나쳐버린 시간 속에 내가 저만치 가 있는 걸 볼 수 있음에 고마워하며 살짝 뒤돌아본 내 등뒤에는 후회와 어리석은 내 표정과 그리움이 묻어나 내가 웃을 수 있고 이렇게 그리워할 수 있는 추억들이 때때로 내 삶에 활력소를 불어넣어주기도 한다.

워커힐에서(1964년)

옛 추억을 그리워한다는 것은 나이가 들어간다는 징조이며 이제는 자신의 인생보다 훨씬 커버린 현실과 체면 앞에 나라는 자신은 점점 없어지고 나로부터 잉태된 후손들을 위해 살아가야 할 때가 아닌가. 세월이 물처럼 흐름 속에서 말이다.

사랑하는 오빠를 보내며

또 한 해가 저물고 있다. 2009년 12월 31일 마지막 밤을 보내는 마음은 너무나 허전하고 슬프고 가슴 아프다. 8개월 전 기억들이 새록새록 생각나는 늦은 밤이다.

지난 봄. 꽃피는 4월에 병환중인 오빠를 뵙기 위해 급히 귀국길을 서둘렀고 초췌해진 오빠의 모습을 대하며 오빠의 황금 같았던 전성시대는 어디로 가고, 어느 황량한 겨울 길목에 홀로 서 있는 듯 오빠는 초점 잃은 젖은 눈으로 병든 자신을 생각하며 아, 이게 인생인가 비애에 짓눌린 모습이 선명해 얼마나 가엾었는지.

그러나 의지가 강한 오빠는 차차 회복이 되면서 가만히 누워있으면 더 까부러진다고 러닝머신 위에 올라 힘겹게 걷기도 하고 또 차고에 세워둔 차를 천천히 몰고 가까운 공원으로 산책과 쇼핑도 하고 입맛 돋우는 식당을 찾아내 입맛에 맞는다고 좋아라 한 그릇을 다 비우던 오빠였다.

힘겨운 항암치료에도 마다않고 온 가족이 합심해 병원을 오가며 8개월 동안 어렵고 힘든 과정 과정을 견디면서 정말 완치의 기쁨을 기대했건만 갑작스런 호흡곤란으로 급히 응급실에 입원 보름 만에 다시 올 수 없는 길을 가셨으니 이런 청천벽력 같은 70줄에 갓 선 오빠의 기막힌 별세소식에 몸 둘 바를 몰랐다.

인생이 무엇이고 생활이 무엇이고 삶에 시달려 정신없이 살아온 삶에서 이토록 허망하고 허탈감을 어디다 호소하나? 죽음이란 모든 즐거움도 괴로움도 삶이 끝이 나는 것이고 틈새 없는 삶의 일정에 인생은 물거품처럼 부질없는 것을 깨닫게 된다.

백년 천년 살 것처럼 계획을 세워 그 목표를 위해 열심히 살아가지만 결국은 후세에게 남겨두고 숨을 거두는 미완성의 인생임을 여실히 보여줌은 나의 혈육의 죽음이기에 가슴이 더 찢어진다. 오빠가 운명하는 그 시간 믿기 어려운 일을 경험했다.

CD에서 흘러나오는 성가 곡(曲) '오 거룩한 밤' 성탄절이면 늘 즐겨듣던 성가(聖歌)가 한 번도 슬픈 곡(曲)이라 느껴본 적이 없었는데 어쩌면 그 시간 가슴을 에이는 슬픈 음악으로 변해 오빠가 갑자기 보고 싶고 가엾어 어쩌면 좋은가 통곡하고 울부짖던 그 시간이 나중에 따져보니 오빠가 운명한 바로 그 시간임을 알고 오빠의 영혼이 잠시 큰동생에게 왔다간 것으로 믿고 싶어진다.

요즈음 같이 의리도 책임감도 헌신짝같이 버리는 세상에 우리 형제들에게 늘 든든한 버팀목이 되어주었던 충성스러운 집안의 어른이요 기둥이었던 오빠의 장례식에 할리데이 시즌으로 한국행 비행기좌석을 구할 수 없어 발을 구르던 이곳의 네 동생들 한국장례시간에 맞춰 추모예배를 드리며 오빠를 추억하며 서로서로 위로했다.

모두 짝채운 1남 3녀의 아버지로 여덟 손주의 할아버지로 또 사랑하는 아내에게 정말 하고 싶은 말들이 너무나 많았을 텐데 한마디 말도 남기지 못했다니, 우리들의 인생사는 이 세상에 태어난 날이 있으면 반듯이 죽음의 날도 있겠지만 죽음이란 대책 없이 쉽게 우리를 찾아온다는 것을 알게 한다. 인간은 어차피 제한된 시간을 살다가는 인생인 것을 깨닫게 된다. 오빠는 우리 곁을 떠나 한줌의 재로, 육안으로는 두 번 다시 볼 수 없으나 무더운 여름 그늘이 되어주는 키 큰 나무처럼 또 추운겨울에는 따뜻한 햇볕으로 우리 형제 가슴속에 살아있는 더없이 든든한 존재다.

존경하고 사랑하는 유용상 오빠를 보내며 지금은 고통 없는 천국에서 먼저가신 부모님을 만나 평안함과 기쁨을 누리고 계실 줄 확실히 믿고 훗날 천국에서 다시 만날 그날을 기약하며 슬픔을 달랜다.

나그네 같은 인생

봄 햇살이 차츰 눈 부셔가는 지난해 4월 어느 날 병상의 오빠를 위로하기 위해 찾았던 날이 있었다. 그 후 1년을 넘긴 불볕더위 한여름 날 공허하고 시린 가슴을 안고 오빠가 남긴 한 줌의 재가 담긴 벽제 중앙추모공원의 납골당을 찾았다.

납골당이라 세상에서 불리는 곳. 살았을 때 누군가의 따뜻한 사람이었으며 우리와 함께 이 세상에 머물렀던 분들이 간 곳 모를 죽음처럼 한 줌 재로 잠자는 그곳. 생전 처음으로 안치실에 들어간 순간 좁은 공간에 수천 명의 유골함이 모셔져 있어 묘한 기분이 들었다.

온 가족이 함께 환한 미소 지으며 마지막으로 남긴 사진 2장과 함께 납골당에 비치해 놓은 항아리에 부착된 오빠의 이름을 보는 순간 울컥 희미한 기억 속으로 사라진 과거가 떠올라 마음이 애잔해져 눈시울이 뜨거워진다.

누구나 가는 길 먼저 가나 늦게 가나 하는 차이밖에 없으니 슬퍼할 것도 없다고 했건만 한 줌밖에 안 된 모습으로 항아리에 담기어 벽 한 편의 조그만 사각형 유리 안에 들어가 장식물처럼 놓여 있음에 기가 막힌다.

마치 산 자들한테는 쾌적한 환경으로 죽은 자들의 권리(?)보다는 산 자들의 권리를 위해 제공 되어진 선진미래형 유골함의 아파트(?) 같은 곳. 눈높이에 있는 오빠 항아리가 담긴 유리벽을 만지며 생전의 못 다 한 사연이 얼마나 많았는데 그 기세등등함을 어떻게 하고 이곳에 그것도 한 줌의 재로 담긴 항아리 전시장(?)에 한몫을 차지하고 "이제 왔니, 정말 반갑다"란 한마디의 인사도 건넬 줄 모르는 처지가 되었는가 말이다.

죽은 자들을 돌아다보았다. 그곳엔 백수를 누리고 떠난 사람도 있었고 미처 펴보지도 못한 십 대 이십 대 아니 2살, 3살의 죽음도 있었다. 세상 뜨는 것은 나이도 성별도 아무것도 고려됨 없이 인명은 재천이라는 단순한 진리가 가슴에 와 닿는다. 살아있을 때는 다들 천년만년 살 것처럼 아등바등하지만 갈 때는 저렇게 한 줌의 재로 남는 게 인생인데, 인간은 자신이 죽는다는 만고의 진리를 잊고 사는 현실 앞에서는 어쩔 수 없는 게 우리네 인생인 것 같다.

사방 벽면 항아리에 다닥다닥 붙어있는 꽃과 사진, 사연들을 보며 언제 어디서 살았던 누구인지 모를 낯선 이들이지만 점점 난 하나하나 차분히 읽어가다 못해 후들거리는 다리를 고정하느라 애쓰며 속울음을 울었다. 동행한 올케언니와 동생이 이끄는 대로 밖으로 나와 하늘을 올려다보았다. 정말로 티 하나 구름 한 점 없이 한여름의 푸르름이 나무를 온통 감싼 사이로 하늘도 애처로운 눈빛을 보내준다.

삶과 죽음은 무엇인지. 하나님께서 주신 길은 두 갈래 길. 삶과 죽음이라고도 하지만 왜 이렇게 첩첩이 쌓인 무수한 사연은 가슴 아플까. 바깥세상은 화려하게 춤을 추는데 죽음 그 이후에 이르러서는 왜 이렇게 고요하고 쓸쓸한 걸까.

한 세대가 흔적도 없이 세월 따라 흘러가면 그 많은 사연은 어디로 가는 걸까. 시작이 있었으니 끝도 있을 것이고 그렇게 사람도 자연도 온 천지의 우주만물이 순환하는 가운데서 인생은 너무 짧고 안타까울 정도로 아쉬운 것은 그래서 인생이 아름답다고 하는 것일까.

나그네 같은 인생을 살아가는 우리에게 죽은 자는 말한다. "너무 그렇게 힘들게 살지 말고 아까운 시간을 허비하지 말고 무엇이든 너무 애착을 두지 말라고 그리고 평온한 마음가짐으로 서로들 사랑하며 살다 뒤따라오라고"

"인간은 생각하는 갈대다"는 파스칼의 명언을 굳이 생각하지 않더라도 생각하는 일은 인간을 인간답게 만들어준다.

마지막 순간 마음의 짐이 되어 가슴을 후벼 판다면 이보다 더 안타까운 일도 없을 것이다. 그런 의미에서 건강할 때 내일 죽을 것처럼 열심히 노력하며 후회 없는 멋진 인생으로 살아가야 할 것이다.

눈물의 깊은 강 건너

- 오빠의 1주기를 맞아

온 천지에 초록의 뭉게구름이 청춘의 꿈처럼 피어오르던 계절이 지나고, 단풍과 낙엽 지는 가을을 넘어 차가운 12월 겨울밤이 깊어가고 있다. 이렇듯 세월의 흐름 속에 풍성한 삶의 향기로 이 세상은 은혜롭건만 앞서가신 오빠는 꿈에도 한 번 볼 수가 없다.

갑자기 몸의 이상이 생겨 수술 후 의사의 처방을 한 치의 착오 없이 10개월 긴 투병의 시간을 불안과 초조 속에서 항암치료에 희망을 걸었었다. 처음엔 빠른 회복의 기미로 온 가족을 안심시키기도 했고 먼 곳 병원거리도 불사하고 열성적 열의를 보였는데 병은 그의 노력을 외면한 채 그토록 갈망했던 생명의 끈을 놓고 세상을 떠난 지 어느 새 일 년의 세월이 지나고 있다.

그 분은 억만년의 세월이 흘러도 변할 수 없는 우리의 피붙이 가족이며 살아서도 죽었어도 나와는 다정한 남매지간이다. 세상의 모든 오빠들, 아니 한국의 장남은, 그것도 가난한 집안의 장남들은 죄를 짓지 않고도 늘 책임감으로 어깨가 무거웠다. 부모와 동생들과 아내에게 죄인처럼 살아가는 장남의 사전에는 '변명'이란 단어가 없는 것인지 집안의 대소사에는 막강한 책임의 자리를 져야만 하는 외면키 어려운 장남의 임무를 수행하느라 무던히도 애쓰던 부모 같은 오빠였다.

어린 시절 펑펑 함박눈이 내리고 논밭이 꽁꽁 얼어붙은 엄동설한에 오빠가 만든 썰매를 둘러메고 우린 추위도 잊은 채 어둑해질 때까지 얼음 위를 맴돌았고, 피난 시절엔 신문배달 소년으로 뛰어다니던 오빠가 좋아 쫓아다니느라 다리가 얼마나 아팠던지 모른다. 소학교 5학년 초 병치레로 엄청 고생하던 나를 다독거리며 업고 병원문턱을 드나들었던 다정했던 오빠. 더욱이 동생들을 자식같이 거두고 세월이 흘러 동생들이 사는 이곳 미국 방문 때면 골프장에 나가 파란 잔디를 함께 밟으며 저 멀리 하얀 공을 날리던 그 시절의 추억 보따리를 풀어놓으려면 끝이 없다.

맏아들을 둔 어머니께서 끔찍이도 오빠를 좋아하시던 그 모습도 잊을 수가 없다. 아래로 딸 넷에 막내로 아들을 둔 어머니는 넉넉지 않은 가정을 꾸미느라 힘든 고생을 오빠가 있으므로 많은 위로를 받았으리라. 오빠는 어머니란 호칭은 거리감이 있다며 늘 아이같이 엄마로 불렀고 엄마를 위해서는 만사를 제쳐놓고 달려오곤 한 끔찍한 효자였다. 어린 날에도 마음껏 개구쟁이로 살아보지 못했을 장남인 오빠를 생각하면 마음이 아프지만 그 대신 성실함과 진실됨으로 사회에서 모나지 않게 살고 있는 자식(1남 3녀)들이 하나같이 반듯하고 착한 걸

보면 인간사 참 공평한 것 같다.

나이 듦에 대한 의기소침으로 우울해질 때 오빠가 고국에 턱 버티고 있어서 늘 마음 든든했었는데 지금은 "오빠! 나야 설자" 하며 수화기를 들어봐도 마음 털어놓을 오빠로 향한 그 전화선은 갈 곳을 잃었고 가슴 아리는 그리움의 슬픈 눈시울만 붉힌다. 오빠는 아버지를 많이도 닮았다. 친구와 술을 좋아하는 것, 가끔 주사가 있는 것까지도, 세상을 하직하는 날도 어쩌면 똑같은 만 70세의 나이로 왜 그렇게 서둘러 부모님을 만나러 가야만 했을까.

눈물의 깊은 강 건너 보이지 않는 그곳. 천국의 어느 이름 모를 화원에서 고락의 세월 그리며 꽃향기 속을 거닐고 계실 오빠를 그리워하며 사랑하는 오빠를 소리 내어 불러본다.

가을 앞에서 숙연해진다

가만히 귀 기울이면 들녘 밟고 오는 바람소리에 고개 숙이는 계절. 아침 저녁으로 선선한 공기가 한여름 무더위에 지친 세포마다 생명의 기운을 불어넣어주는 참으로 계절의 흐름이 신비롭다. 마치 세상의 주인이 자기들인 양 오만하게 휘둘러온 인간들의 온갖 횡포로 인해 '이상기온'이니 뭐니 해도, 계절은 의연하게 제 갈 길을 간다. 봄 지나 여름, 그리고 여름 지나 가을……. 창조주의 '거룩한 뚝심'이라고나 할까.

펼쳐진 눈부신 억새의 물결속에 바람이라도 불면 사그락 사그락 박자 맞춰 노래하는 그야말로 은빛 억새로 출렁대는 가을 잔치가 한창이다. 마을 안 건너 집 뒤뜰엔 감나무마다 알알이 고운 붉은 등을 내걸기 시작했고, 넘어질듯 하면서도 무리지어 다시 일어나는 가을바람 선율에 맞추는 억새의 춤사위 속에 우리의 삶의 선율을 느껴보게도 한다.

가을은 뭔가를 생각하게 하지만 욕망을 갖게도 하는 계절이다. 프랑스의 과학자이면서 철학자인 가스통 바슐라르(1884~1962)는 "참다운 삶을 살려고 하면 겸손하여야 한다. 자기의 삶을 너무 화려하게 포장하려고 하면 그는 더 이상 참다운 삶을 살 수가 없다"고 말했다. 그래서 인간은 겸손하고 성실하게 살아야 자기 성장과 충족을 가져올 수 있다고 생각한다.

나무는 그 종류에 따라 열매를 맺고 인간은 그 성격의 결과를 거둔다는 말이 있다. 인간은 모두가 한 번 주어진 삶을 아름답고 행복하게 살 권리를 가지고 있기에 우리의 삶을 되돌아보며 더 나아가 진지하게 삶을 모색하며 끊임없이 사색하는 아름다움을 이 가을에 가져보는 것이 앞으로 더 나은 삶의 원동력이 되지 않을까.

옛 속담에 '봄 일은 며느리 시키고 가을 일은 딸 시킨다'라는 말도 있듯이 가을 햇살은 봄 햇살보다 훨씬 부드럽다. 높고 푸른 하늘에서 불어오는 시원한 바람이 가슴을 파고들 때 대부분의 사람들은 뜬구름에 빠지지 않을 수 없을 것 같다. 사실 매년 맞이하는 가을이 새삼스러울 것도 없지만 요즈음에는 가을이 사뭇 새롭게 다가온다.

예전에 느끼지 못했던 세세한 변화들이 삶을 지배하는 것을 알았기 때문이 아닌가싶다. 젊었을 때에 가졌던 꿈들이 시간이 지남에 따라 그 가치의 변함을 알게 되었고, 행복과 아름다움은 진정성과 참됨과 진실함 속에서만 존재할 수 있음을 더 깨닫게 된다.

여름내 싱그러운 푸름을 자랑하던 이파리들을 바람과 함께 떨궈낸 나무는 제 것을 모두 비우고 낙엽을 쌓는 중이고, 수없이 떨어져 있는 낙엽들은 공간이 꽉 찬 내속을 비집고 들어온다. 우리도 깊어가는 이 가을만큼은 자신을 비우는 연습이 필요하다. 아마도 나의 생활 속에서 이 멋진 가을의 도래를 인정하고 환영하자는 것이 아닌가. '너 드디어 왔구나' 이렇게 신나게(?) 가을을 환영하고 있자니 덜컥 겁이 난다.

흔한 얘기지만, 가을은 결실의 계절이요, 이제 곧 한 해가 기울어 갈 텐데 '너는 도대체 무얼 뿌렸으며, 어떤 결실을 기대하면서 잘 영글어 가고 있는가?' 아뿔싸! 그 문제가 있다. 마냥 가을을 좋아할 일이 아니다. 가을은 근엄한 표정으로 나에게도 한 해의 결산서를 요구하는 것이다. '열매 맺는 삶을 살았는지?'

막상 돌아보니, 열심히 살아오긴 한 것 같은데, 최선을 다했는지는 솔직히 의문이다. 사랑하는 일에 또 겸손히 섬기는 일에도 최선을 다했는가? 열린 마음으로 나누는 일과 기도생활에도, 칭찬하고, 배려하고, 인내하는 일에도……. 가을 앞에서 숙연해진다.

만남

겨울동안 움츠리고 있던 삼라만상이 고개를 들고 기지개를 켜는 이즈음. 봄은 아주 가까이에 와 있음이 분명하다. 바람이 쌀쌀하지만 봄 기운은 나뭇가지 끝에 싹눈을 틔우고, 땅속을 헤치고 쏘옥 얼굴을 내민 연초록들이 역력히 말해주고 있다.

얼마 전에 40여 년 만에 특별한 반가운 분을 만났다. 교회 친교실에서 우연히 옆에 계시던 분이 "혹시 서울 상도동에 살지 않았어요?" 묻는다. 순간 낯설긴 했지만 혹시나 하면서 어렴풋이 돌범 엄마가 아닐까 하면서. "돌범 엄마?" 했는데…….

어쩜 40여 년 수많은 세월이 흐른 지금 이렇게 쉽게 같은 교회 안에서 만날 수 있다는 것이 보통 인연인가. 순간 난 20대의 소녀티를 갓 벗어난 한없이 젊었던 그 시절로 가본다.

아버지께서 직접 설계하시고 우리 가족에게 꼭 맞는 아담한 양옥집을 지어 남부럽지 않은 삶이었는데 그만 사업의 부진으로 복덕방에 집을 내놓게 되었고 새 주인으로 집을 계약한 분이 바로 돌범 엄마였다. 무척 마음에 들어 했던 정든 집이 남의 집이 되고 떠날 생각을 하니 너무나 속상해 방안에 들어앉아 철없이 몇 날을 울었던 아련한 추억이 있다. 그때 부모님의 마음은 오죽했을까……

난 그 생각까지 못한 것이 못내 후회로 남는다. 이사한 후 돌범 엄마와 우리 가족은 각별하게 지냈다. 어느 날 돌범 엄마의 중매로 맞선을 보고 키가 작다는 이유만으로 딱지(?)를 놓았던 에피소드며, 지나쳐간 세월 속에 풍덩 빠져 수없이 많은 이야기꽃을 피우고 또 피웠다.

한창 감상적이고 예민한 나이에 아버지의 사업실패에 따른 경제적 어려움 속에서도 좌절하지 않고 내일을 알 수 없이 살아야하는 날들. 그래도 희망을 잃지 않고 긍정적 사고로 그 어려움을 극복할 수 있었던 것에 감사한다.

그때 난 그 무력함을 달래기 위해 책읽기에 많은 시간을 쏟았다. 지성과 감성의 갈증을 승화하며 새로운 세계를 맛보게 하는 독서는 알고자하는 욕구와 느끼고자하는 욕구에서 이루어지는 것. 가보지 못한 세계, 그리고 보이지 않은 세계로 갈 수 있는 길이기도 했고 또한 독서는 높이 오르는 날개를 우리에게 달아주는 가장 정확한 방법이라 생각게 한 시간이었기에 고마워한다.

먹물처럼 까맣던 물빛이 크림 몇 방울을 떨구니 이내 뽀얗게 변했다. 싱크대에 기대어 서서 커피를 마시며 지나가버린 세월에서 돌아보니 미국생활이 37년 가까이 흘렀다. 크게 돈을 벌어 성공했다던가, 내 자신 큰 명예를 이룩한 것도, 내세울 것도 없다. 이 순간까지 앞만 바라보며 하나님께 의지하는 마음으로 내가 할 수 있는 모든 것에 최선을 다해 살았다는 떳떳함만이 있다.

이제 오는 4월 5일(2009년)이면 나의 첫 수필집 『도레미파솔라시도의 합창』 출판기념회를 갖게 된다. 한 권의 책으로 세상에 내놓을 준비를 하면서 때맞춰 어려웠던 시기의 추억을 되짚어 보게 된 돌범 엄마와의 만남이 기쁨이요, 잃어버린 동기간을 찾은 듯 흥분에 들떠있다.

이젠 어릴 때 무척 개구쟁이였던 돌범, 나이 40이 훨씬 넘은 한 가정을 이룬 가장과의 만남이 이루어지는 날이 언제일까 기다려진다.

꿈과 희망 그리고 동심(童心)을

태양과 푸르름을 간직하고 있는 아름다운 도시 속에 동화세계를 현실로 옮겨놓은 곳, 전 세계 사람들에게 많은 사랑을 받고 있는 올랜드의 디즈니월드는 특색에 따라 매직킹덤(Magic Kingdom), 엡코트센터(Epcot Center), MGM스튜디오(MGM Studio), 애니멀킹덤(Animal kingdom) 이렇게 총 4개의 테마파크로 구성되어 있다.

딸들이 어렸을 적 디즈니월드를 다녀온 지 꼭 35년만이다. 그동안 벼르기만 했던 손주들의 꿈이자 희망이 디즈니월드로 향한 동심(童心)에 힘을 실어주는 날이다. 여덟 손주들을 대동하고 나선 나들이의 첫 번째 코스는 아이들이 으뜸으로 뽑은 매직킹덤이었다. 많은 세월의 흐름 속에 디즈니월드는 많이도 변했다. 갖가지 이벤트와 놀이기구가 넓디넓은 광장에 끝도 없이 펼쳐져있고 동화책에서 자주 보던 신데렐라 성(城)을 바라보는 아이들의 표정은 싱글벙글 행복 그 자체다.

우뚝 솟은 신데렐라 성(城)의 첨탑들은 마술왕국의 상징으로, 성안에는 국제적인 유명인사인 미키와 미니마우스, 피터팬, 백설공주, 미녀와 야수, 곰돌이 등 디즈니 만화의 주인공들인 캐릭터들이 곳곳에 걸어

다니고, 사진 찍을 땐 모델이 되어주기도 한다.

특히나 스몰월드는 아이들을 둔 가족에게는 빠뜨릴 수 없는 코스중의 하나다. 미키와 미니의 친구들이 모여 사는 만화 속 세계 각국의 인형들을 흥미롭게 재현해 놓았고 한복을 차려 입은 남자, 여자아이의 귀여운 마스코트와 스몰월드 출구엔 "안녕히 가십시오"가 영어스펠링으로 쓰여져 있어 인상적이다. 화려한 불꽃놀이와 길고 웅장한 퍼레이드와 공중을 날으는 아름다운 여인의 하이라이트 쇼는 상상을 초월한 감동 그 자체였다.

겨울철 햇살이 여름철처럼 뜨거운 날 찾아본 디즈니 인근의 '씨 월드'는 북극의 자연의 아름다움을 경험하기 위한 방문객들을 차가운 모험의 세계로 안내해준다. 북극곰, 점박이 바다표범, 그리고 고래들과 직접 정면으로 마주치는 자연의 매력적인 장소다. 바다생물에 관한 모든 것을 보여주는 곳. 영화 윌리윌리의 실제 주인공이었다는 돌고래 쇼가 눈길을 끌었고 서커스, 애완동물 공연, 해양수족관 등 다양한 볼거리들은 아이들의 호감을 부르는 최상의 것이다.

애니멀킹덤에서의 갖은 짐승들이 자유로이 노니는 아프리카 초원으로 들어가는 사파리 투어는 야생에서의 생활과 자연의 신비들을 경험하는 아이들에게 좋은 기회를 갖게 한다. 잊을 수 없는 놀이기구로는 에베레스트 산에 사는 예티를 주제로 한 롤러코스트다. 정상을 향해 오르던 기차가 산속 터널을 관통하면서 잠시 멈춘 듯하더니, 벼락 치듯 급속도로 냅다 뒤로, 뒤로 내달리는데 그 순간의 그 무서움이란 어떻게 표현할까, 꼭 죽는 줄 알았으니까.

겁도 없이 할머니가 용감(?)하게 손주들과 어깨를 나란히 동심의 세계 속에서 즐긴 시간은 정말로 잊지 못할 추억거리다. 이탈리아의 시인 단테는 "오늘이라는 날은 두 번 다시 오지 않는다는 것을 잊지 말라"고 했다. 우리가 오늘 보낸 하루는 기억하고 추억할 수는 있겠지만 오늘이란 날은 더 이상 가질 수도, 찾을 수도, 돈으로도 살 수도 없기에 오늘이 중요하다. 그래서 오늘 우리에게 주어진 환경에서 최선을 다한 오늘의 삶이 얼마나 큰 기쁨이고 얼마나 소중한가를 알게 된다.

아이들의 꿈과 희망 그리고 동심을 불러준 디즈니월드. 그곳에서 어른과 아이의 구분 없이 일상에서 느끼지 못했던 또 다른 세계를 경험하며, 어린 시절 하나의 작은 사건이 일생을 좌우하는 경우가 있듯 온 가족이 함께한 다양한 장르의 놀이기구의 충동과 경험은 또 다른 재미와 교훈을 갖게 함에 감사한다.

나의 여덟 손주, 도레미파솔라시도의 합창

맑고 드높은 하늘에 솜털 같은 구름이 잔잔히 펼쳐진 날이다. 그렇게 무덥던 여름도 서서히 물러가고 가을 문턱에 접어들었다. 3개월이란 긴 여름방학을 끝내고 손주들이 다니는 학교가 일제히 개학을 맞았다. 아직도 애기라고만 생각되던 5살인 막내손자가 이제 '킨더가든'에 입학해 어엿한 유치원생이 됐다.

얼마 전만해도 세 아이의 기저귀를 번갈아 갈아주느라 허리가 휘었는데 손주들이 어느새 커서 모두가 학교 가는 나이가 되었으니 감회가 크다. 여덟 손주가 중학생, 초등학생, 유치원생이 되어, 시간 맞춰 스쿨버스를 타기위해 일찍 일어나 준비하고 등교하느라 얼마나 분주할까? 보지 않아도 눈에 선하다. 성장하는 아이들의 머리를 얼마나 쓰다듬었는가에 따라 어린아이들의 바른 생활의 꽃이 피는 것, 그것은 정성의 손끝이요 특히나 나의 큰딸, 작은딸이 자녀들에게 쏟는 정성이 대단함에 놀래기도 한다.

가족의 구성원인 남편과 아내(부모), 그리고 자녀, 어느 한쪽이 결여되어도 건전한 가정이 될 수 없음은 당연하다. 부모를 잃고 부모의 보살핌과 사랑을 받지 못하고 자란 고아들이 이 세상에서 가장 불행하고 불쌍한 자들이 아니겠는가. 가정이 건전하고 행복할 때 사회가 건전하고 행복을 누릴 수 있는 것이다.

옛날에는 산아제한 없이 낳는 데까지 낳다보면 6~8남매는 보통이고 10남매도 다반사였는데……. 이제는 많아야 2~3명에 불과하고, 점점 아기의 울음소리를 듣기가 어려운 상황이라는데, 나는 지금 여덟 명의 손주들을 두고 있다. 성경 잠언에는 "손자는 노인의 면류관이라"고 했으니 나는 8개의 손자 면류관을 쓴 할머니가 아닌가.

요즘 아이들은 하도 듣고 보는 것들이 많아서 모두 너무 영특해 5살 막내손주도 컴퓨터의 무슨무슨 게임을 혼자 작동을 척척해내는 것을 보면 깜짝 놀라기도 한다. 피아노, 싸커게임, 발레, 테니스, 태권도, 수영 등등 가리키는 것도 엄청 많아 데리고 가고 오고 날마다 바쁨의 연속이다. 그런데 다섯 아이를 가진 큰딸네에 가면 좀 시끄럽기는 해도 저희들끼리 잘 놀고 가끔 투닥거리다가도 금방 양보하며 친하게 지내는 형제의 우정을 지켜보면서 역시 형제가 많음이 달랑 하나나 둘보다는 정서면에서나 여러 면에 월등할 것이란 생각에 젖어 환한 미소를 짓기도 한다.

또한 작은딸네의 세 남매까지 한자리에 모이면 정신이 없다. 자라나는 아이들이 안정되고 변화 없는 질서 속에서 파릇한 새싹을 키우며, 순진하고 천진난만한 아이들일지라도 수가 많으면 많은 파워가 생기는 법일 게다. 도레미파솔라시도의 네 손자, 네 손녀, 여덟 명의 손주들이 머리가 크고 키가 자라 건강함 속에서 서로서로에게 감사하며 사랑이 넘쳐나는 날들이기를 바란다. 꽃들이 그만큼 빗줄기에 두들겨 맞으면서도 꽃들은 온전히 제 모양을 갖추며 꽃잎 하나 흐트러진 게 없듯이 어떤 어려움이 와도 '고통은 인내를 낳고 인내는 시련을 이겨내는 끈기를 낳고 그러한 끈기는 희망을 낳는다'라고 한 성경의 구절대로 바르게 성장해주기를 바라는 마음 간절하다.

겸손하고 성실하게 자기성장과 충족을 가질 수 있는 각자 각자의 밝고 정확한 자기 적성에 맞는 확실한 음을 내는 여덟 손주 도레미파솔라시도의 멋진 합창소리가 듣고 싶은 간절한 소원이 이루어지기를, 여덟 손주의 할머니인 난 오늘도 손주들의 삶을 위하여 기도한다.

나의 여덟 손주들

웃음꽃을 피워낸 선물

5월의 싱그러운 향훈은 벌써 짧은 팔소매의 옷을 걸치게 하고, 온 천지를 초록색으로 요동치는 오월의 끝자락으로 향하고 있다. 어머니날 가슴에 빨간 카네이션을 달았지만 세상에서 가장 아름다운 꽃은 웃음꽃이다. 미소는 꽃이 피는 것과 같기에 얼굴에 환하게 피워내는 미소는 아름다운 꽃이다.

언제나 화사한 햇살 같은 고운 미소와 진심어린 딸들이 건네주는 말 한마디는 내 삶을 빛나게 하는 보석들이다. 오늘 아침 어머니날을 맞아 카네이션 꽃바구니와 선물상자가 배달되어 왔다. 선물을 받고 제일 기뻐하는 순간은 안의 내용물을 궁금해 하며 열어보는 순간이 아닐까. 무게와 모양과 크기를 보고 이건가? 저건가? 상상하는 즐거움. 선물의 크고 작음을 떠나 선물이라는 그 자체가 감동을 주고 가슴 뭉클거림이 있기에, 아이나 어른이나 할 것 없이 누구나 선물 받는다는 것을 좋아하는 것일 게다.

성급히 선물포장을 뜯고 내용물을 확인하는 순간 어머나! 내가 그토록 갖고 싶어 했던 아이패드(Ipad)가 얌전하게 들어 있지 않은가. 기회가 되면 나도 아이패드를 장만해야지 했었는데 어떻게 딸들이 엄마의 깊은 속마음을 눈치 채고 어머니날 깜짝이벤트로 보내온 것이다. 진정한 효도란 부모님 마음을 헤아리는 것과 마음을 담은 선물이 이 세상에서 가장 좋은 선물이라는 것을 알기에 딸들이 보내준 귀한 선물에 감사한다.

아이패드를 사용하면 웹을 훨씬 더 쉽고 직관적으로 살펴볼 수 있는 모든 시스템으로 엄마가 더 젊고 더 멋지게 살라는 뜻이라니 이제 '아이패드' 작동법을 익혀야할 숙제가 나를 계속 분주하게 만들 것이다. 딸들이 엄마를 생각하는 것 같이 나도 생전의 어머니를 그리워한다. 꽃의 향기는 백리를 가고, 술의 향기는 천리를 가고 사랑의 향기는 만리를 가고도 남는다고 한다. 그러면 나의 어머니의 향기는 수없이 건너온 세월의 강가에서도 잊혀지지 않는 눈물의 꽃이 되어 가슴에 피어오는 삶의 향기가 영원하고도 영원할 것이다.

링컨은 말한다. "내가 성공을 했다면 오직 천사 같은 어머니의 덕이다"라고. 이제 중년을 넘어 노년이 된 지금 내 어머니가 일러주신 소중한 말씀을 그대로 손주들에게 전수하는 기쁨은 갖는다. "화내는 얼굴은 아는 얼굴이라도 낯설고, 웃는 얼굴은 모르는 얼굴이라도 낯설지 않다. 또한 찡그린 얼굴은 예쁜 얼굴이라도 보기 싫고 웃는 얼굴은 미운 얼굴이라도 예쁘다." 어머니의 한없는 사랑의 가훈(家訓)이요 두고두고 감사하지 않을 수 없다.

웃음꽃을 듬뿍 피워낸 푸르름의 5월 가정의 달을 맞아, 어머니날만이 아닌 더불어 사는 인생길에 영원히 미소 짓는 날마다의 삶이기를 소원한다.

제2부

텃밭에는 지금

함박눈이 펑펑 쏟아지던 날

첫눈이 탐스럽게 내리고 있다. 온 천지는 흰 눈에 덮이고 주위에 늘어선 우중충한 푸른 소나무 가지 위에 탐스러운 눈꽃을 아름답게 펼쳐내고 있다. 창밖 환하게 밝히는 가로등 아래로 포근히 내리는 첫눈을 바라보다가 문득 첫아이를 낳던 39년 전 그날의 추억 속으로 빠져드는 늦은 밤이다.

첫눈이 펑펑 쏟아지던 날 9시간의 긴 산고를 겪고 첫딸을 낳았다. 더욱이 첫아기를 남편 부재(不在) 중에 낳는 외롭고 쓸쓸한 산모였다. '으아앙' 울어대는 갓난아이는 어쩜 그리도 남편을 꼭 빼다 닮았는지 곱슬머리까지 붕어빵이다.

시아버님께서 주신 '선미', '수정' 두 개의 이름 중 티 없이 맑고 예쁜 '수정'이란 이름을 택했다.

그 후 새댁이 아닌 수정엄마로 호칭이 바뀌고, 한 달간 정성껏 해산간을 해주신 시어머님. 지금같이 실내에서 세탁기가 빨아주는 시대가 아닌 꽁꽁 얼어붙는 수돗가에서 기저귀 빨래, 미역국을 하루에 다섯 끼를 챙겨주시고, 고약하게도 낮밤을 바꿔 밤이면 울어대는 첫 손녀를 품에 안고 며느리에게 충분한 잠을 주시느라 애쓰셨던 분. 처마 끝에 매달린 고드름, 나뭇가지마다 매달린 수정 같은 얼음꽃들을 활짝 피워 놓았던 겨울 한복판에서 고생하신 정 많은 시어머님의 사랑을 잊지 못한다.

1974년 정월 미국에서 둘째아이를 낳던 날 새벽, 산기 있는 아내를 병원에 입원시켜 놓고 남편은 출근했다. 난 하루 종일 산고를 치루고 둘째딸을 낳았다. 두 번째는 틀림없이 아들이라 기대했었는데 딸을 낳고 속상해 말 못하고 남편 앞에서 울어버렸던 나! 누구하나 도와주는 사람 없고 아침이면 직장에 나간 남편은 저녁에야 퇴근해 집에 오고 혼자 미역국을 끓이며 이민 초기 산모의 서글픔을 누가 알기나 했을까?

첫아이는 남편 외국 출장 중에 낳느라 서러웠고 둘째아이는 타국에서 고국의 부모형제가 그리워 꽈리 눈이 되도록 울던 그 시절도 이제는 다 옛 이야기가 되었다.

세월이 흘러 성장한 딸들이 결혼하고 줄줄이 아이 낳기 경쟁(?)이라도 벌이듯 엄청 엄마를 조바심치게 하고 연년생으로 태어난 여덟 손주들 중 눈이 펑펑 쏟아지는 한겨울에 태어난 아이들이 많은걸 보면, 굴을 파고야 이웃 왕래가 가능했다는 평북 신의주에서 태어난 날, 할아버지가 지어준 설(雪)자 내 이름 탓(?)인가 유난히 우리 가족은 눈(雪)

하고는 인연이 깊은가보다.

한겨울 눈 쌓인 날 딸들 산후 도우미로 동분서주하며 미끄러운 길을 운전해 갔다. 멀리 있는 딸에게는 비행기로 날아가 미역국을 끓이며 요리사 주방장으로, 또 밤새 울어대는 손주를 안고 딸이 밤잠을 설칠까봐 이 방 저 방으로 피난 다니느라 허리가 휘는 줄도 몰랐다. 한동안 목 디스크(?)가 생겨 움직이기가 힘들어 쩔쩔매던 그 시간들도 이제는 흐르는 세월 속에서 졸업을 했다. 또 나도 할머니가 되어 어머님의 전철을 밟고 보니 특별히 지난날 엄동설한 추위를 마다않고 헌신적으로 베풀어주셨던 고인이 되신 시어머님의 사랑이 한없는 그리움으로 남는다. 함박눈이 펑펑 쏟아지는 날 불현듯 떠오른 꽃다운 시절의 일상을 그리며 지나쳐간 나의 삶의 여정이 모두가 아름다운 흑백사진첩의 추억 속에서 미소 지음에 감사한다.

시어머님 노인학교 졸업식날(1974년)

유머는 한 떨기의 꽃이다

꿀벌들은 춤으로 의사소통을 한다고 한다. 그런데 아주 좋은 꿀을 발견하면 정찰하는 벌들은 몇 시간 동안 심지어는 하루 종일 계속 춤을 춘다는 기사를 본 적이 있다. 신나고 유쾌할 때 춤을 추는 것이 비단 꿀벌뿐일까. 실제로 미국 작가 노먼 커즌스는 『질병의 해부』라는 책에서 "십분간 깔깔거리며 웃고 난 뒤에는 두 시간 동안 고통이 없이 불면증이 있는 사람도 편안히 잠들 수 있었다"고 밝히고 있다. 또한 "우리 몸에는 완벽한 약국이 있어 어떤 병도 치유할 수 있는 강력한 약을 가지고 있다. 그것은 분명 웃음이다"라고 말한다. 그리고 퍼니 비즈니스의 저자 밥 로스는 "유머는 시기가 적절하고 대상에 맞아야 한다"며 Appropriate(내용 타당), Timely(시의 적절성) 그리고, Tasteful(취향), AT & T를 제시한다.

레이건 전 대통령이 1981년 존 힝클리라는 정신질환자가 쏜 총에 가슴을 맞았을 때, 부인 낸시 여사가 회복실에 들어서자 그가 말했다. "여보, 총알이 날아올 때 납작 엎드리는 걸 깜빡 잊어 먹었어. 영화에선 참 잘했는데 말이야." 몸에 밴 그의 유머는 가족을 안심시키기에 충분했다. 유머는 단순히 우스갯소리를 하는 차원에 그치지 않음을 본다. 탁월한 유머 감각은 개인의 삶을 윤택하게 하는 것은 물론, 무엇보다 서로의 마음의 경직을 풀어주고 포용력을 높인다는 것을 배우게 된다.

경쟁에서 살아남으려면 유머 감각부터 길러야 한다는 말을 증명하듯 링컨 대통령의 조크도 미소를 짓게 한다. 젊은 시절 그가 하원의원에 출마 했을 때였다. 합동정견 발표회에서 그의 라이벌 후보가 그를 가리켜 신앙심이 별로 없는 사람이라고 비난했다.

그 후보는 청중들을 향해 "여러분, 천당에 가고 싶은 분들은 손을 들어보세요"라고 소리쳤다. 모두들 높이 손을 들었는데, 링컨만 손을 들지 않았다. 그 후보가 링컨을 향해 "당신은 손을 들지 않았는데, 그럼 지옥에 가고 싶다는 말이오?"라고 물었다. 그러자 링컨이 빙긋이 웃으며 말했다. "천만에요. 나는 지금 천당도 지옥도 가고 싶지 않소. 다만 의사당으로 가고 싶을 뿐이오!" 청중들은 폭소를 터트렸고, 후에 링컨은 당선되었다.

유머는 마치 윤활유와도 같아서 어색한 분위기를 부드럽게 만들어주는 역할과 웃음을 나눌 줄 알아야 성공한 시대로 바뀌고 있음을 생각게 한다. 유교사상이 뿌리깊이 박힌 우리나라 사람들에게 유머란 실없는 사람들이나 하는 것으로 인식되었던 것이 사실이다. 백악관에서는 연설문에 삽입할 몇 줄의 유머에 몇 천 달러를 쓰기도 한단다. 오래 전 삼풍백화점 붕괴사고로 온 국민이 슬픔에 빠져 있었을 당시의 한 신문기사를 나는 아직도 기억한다. 열흘이 넘게 갇혀 있던 유지환 양과 어느 구조대원이 나눈 짤막한 대화였다. 굳은 표정으로 서둘러

철근 제거 작업을 하고 있는 구조대원들에게 유양이 말했다. "아저씨, 나 무서워요." 그러자 한 젊은 남자 대원이 웃음을 지으며 이렇게 말했다. "나중에 건강이 회복되면 우리 데이트할까?" 상대방에 대한 인간적인 애정이 듬뿍 담긴, 눈물겨운 유머 감각이었다. 사람의 목숨이 오고갈 수 있는 극한적인 상황에서 따스한 유머를 구사할 줄 알았던 그 구조대원이 나는 진심으로 존경스러웠다.

자연스러운 유머와 위트를 구사하는 사람에게서는 품위와 아량, 관대함과 여유를 느낄 수 있음을 보게 된다. "유머는 치열한 전쟁터에서 피어나는 한 떨기의 꽃이다"라는 말이 절절하게 와 닿는 순간이었다. 사람이 웃으면 혈압은 떨어지고 심장 박동수는 증가하고 혈액 순환이 좋아지고, 세포는 더 많은 영양분과 산소를 공급받게 된단다. 웃음은 특별히 인체의 면역성과 기억력을 높여준다고 한다. 현대인에게 유머와 웃음은 무엇과도 바꿀 수 없는 소중한 자산이다.

친절, 관심, 배려

누구보다 더 잘나고 싶고, 더 아름답고 싶고, 더 잘살고 싶고, 더 행복하고 싶은 마음을 간직한 채 살아가는 우리들. 그보다 앞서 우리의 삶의 중요성은 인간관계에 초점을 맞추어야 하고, 인간관계는 친절, 관심, 배려에서 시작된다고 한다. 친절은 자신의 편리함보다는 타인의 안락함을 먼저 생각하는 배려요. 또한 상대방의 입장이 되는 것에서 시작되며, 남을 배려하는 따뜻한 마음에서 출발한 말 한마디가 중요하다고 한다. 티베트의 영적 지도자이자, 노벨평화상 수상자인 달라이 라마(Dalai Lama)는 "사람이 할 수 있는 가장 신(神)적인 행동은 친절과 배려"라고 말한다. 정성스러운 마음이 말과 행동으로 표현되어 상대에게 전달되면 30도로 굽혀 인사하지 않더라도, 정중한 호칭을 붙이지 않더라도 상대가 훈훈해하는 건 진심이 묻어나기 때문이리라.

최근에 읽은 책 중에서 발췌한 친절 이미지의 성공 사례 중에 한 예화다. 비바람이 몰아치는 늦은 밤, 미국의 어떤 지방 호텔에 노부부가 들어와 "예약은 안 했지만, 혹시 방이 있습니까?" 하고 물었다. 호텔 당번이었던 조지 볼트는 자기네 호텔에는 방이 없었기 때문에 다른 호텔에도 연락을 해보았지만, 근방의 어느 호텔에도 방이 없었다. 그 직원은 "객실은 없습니다만, 이처럼 비도 오고 새벽 한 시나 되는 시간이니 차마 나가시라고 할 수가 없군요. 괜찮으시다면 누추하지만 제 방에서 주무시면 어떨지요?"라며 기꺼이 자신의 방을 제공했다. 다음 날 아침, 신사가 말했다. "당신은 미국에서 제일 좋은 호텔 사장이 되어야 할 분인 것 같군요. 당신을 위해 언젠가 호텔을 하나 지어 드리도록 하지요." 그 직원은 정중한 인사와 함께 그냥 웃을 뿐이었다. 그런데 2년이 지난 후, 그때의 노신사가 그 호텔 직원에게 뉴욕행 왕복 비행기표와 함께 자기를 방문해 달라는 편지를 보내 왔다. 그가 뉴욕에 도착하자, 그 노신사는 뉴욕 중심가에 대리석으로 만든 궁전 같은 호텔을 가리키며 말했다. "이 호텔은 당신이 경영하도록 내가 지은 것이지요." 그래서 조지 볼트는 미국 최고급 호텔, 월도프 아스토리아의 사장이 된다. 어찌하면 빨리 진급할지, 고객을 더 유치할 수 있을지 고민에 빠져 있으면서 노인네 따위는 귀찮아했다면 그에겐 없었을 행운이었다. "예약을 하셨어야죠! 안 그렇습니까? 이 고생은 본인이 자처하신 겁니다. 맞죠?" 했다면 그 똑똑함 때문에 놓쳤을 미래이다.

또 한 예로는 피츠버그의 가구 회사 점원으로 일하던 클리멘트 스톤은 처마 밑에서 비를 피하던 어느 할머니를 발견하고는 상점 안으로 모셔와 친절을 베푼 일이 있었다. 다른 종업원들은 할머니를 거들떠보지 않았지만 클리멘트 스톤은 차를 대접하며 할머니를 따뜻하게 모셨다. 얼마 후 그는 강철왕 카네기로부터 초청장을 받았는데, 알고 보니 그 할머니가 바로 카네기의 어머니였다. 그는 카네기의 스코틀랜드 별장의 가구 일체 주문을 받아 제작하여 일대 선풍을 일으켰으며, 그러자 많은 사람들이 '클리멘트 스톤' 상점에 가구를 주문하여 그는 마침내 거부가 되었다. 위와 같은 내용의 친절과 배려의 미담들은 듣고 또 들어도 훈훈하지 않은가. 작은 관심, 배려가 인생을 바꾸는 뜻밖의 열쇠가 되고 아무런 이유 없이 베푸는 사소한 친절, 그 사소한 친절이 뜻밖의 큰 복(福)을 불러옴을 본다.

법정 스님은 "친절은 최고의 종교"라고 말했다. 또 친절은 우리의 삶에 있어서 마치 봄바람 같아서 모든 삶의 앙금을 녹이고 화해시키며 나아가서 삶에 생기와 활력을 불어넣는 신비로운 힘의 존재와 같은 것이라고도 했다. 그래서 친절은 삭막한 현대에 사는 우리 삶에 꼭 필요하고 더욱 값지고 중요하며 날마다 실천하는 친절 속에 평화가 깃드는 날마다의 삶이기를 소원한다.

건강이 최고야

여행 중에 건강에 이상이 생기면 여행이고 뭐고 만사가 귀찮아지고 빨리 집에 가고 싶은 생각만 나고 겁이 덜컹 난다. 고국방문 중 오랜만에 만난 동서와 용인 외곽에 특별히 맛있는 음식점이 있다고 해서 호기심이 발동해 달려갔다. 훤하게 트인 길가를 꽉 메운 만발한 벚꽃은 모처럼 막내동서와의 데이트에 흥을 더해준다. 외부로 보기엔 그저 그런 식당인데 내부는 멋진 그림과 빈자리 없이 꽉 채운 손님은 모두 여인천하다. 남편님들은 일터로 가고, 부지런히 집안일을 마친 부인들이 친구들과의 정다운 점심모임 일게다. 한쪽엔 동창회 모임인 듯 저마다 '애 재' 하며 격이 없이 떠드는 중년의 여인들의 목소리에 힘에 실려 있다.

야채샐러드를 시작으로 음식이 하나씩 줄줄이 나온다. 나의 식탐이 절제를 잊어버리고 나오는 음식마다 빈 접시를 내놓는 열심으로 이젠 '끝' 했는데 이제부터가 메인식사라니. 그래도 동서와 몇 년 만의 오붓한 식사에 입맛을 구길 필요가 뭐있겠나 싶어 오늘만은 꾹 참고 마음껏 욕심을 내었다. 그런데 욕심이 과했던 모양이다. 오랜만에 형님 고국나들이라고 푸짐한 저녁 식탁을 마련해놓고 가족들과 둘러앉았는데 난 그림의 떡이다. 요리에 일가견이 있는 동서가 실력을 마음껏 발휘한 다양한 음식이 줄줄이 유혹하지만 내 소화기가 잔뜩 화가 나 있으니 참 딱한 일이다.

원래 위가 좋지 않은 사람의 탈은 쉽게 낳지를 않아 잔뜩 벼르던 고국의 먹거리를 외면한 채 미국으로 돌아와 나의 주치의를 찾았다. 바라는 위내시경은 1년 반 전에 했으니 이번엔 CT 촬영을 해보잔다. 25분정도의 시간 속에 숨을 들여 마시세요, 내 쉬세요를 거듭했는데 끝났다고 일주일 후면 결과가 나온단다. 전화벨 속에 목소리는 잔뜩 기다리던 나의 주치의의 목소리다.

"신장(콩팥) 오른쪽에 물혹이 두 개가 발견되었는데, 한 개는 3cm, 또 하나는 7mm인데 희끄무레한 것이 보인다고 정확성을 알기 위해선 초음파검사(울트라사운드)를 해보는 것이 좋겠단다. 순간 어떻게 내 몸에 물혹이라니 우울함이 요동을 치는데 예약이 쉽지가 않아 애를 태우고 주치의까지 예약에 힘을 가해(?) 열흘 후로 무난히 예약 날짜가 잡혀졌다.

살고 죽는 건 하늘의 뜻일진데 벌벌 떨고 있음은 얼마 전 오빠의 담도암 수술로 온 가족이 큰 충격에서 벗어나지 못한 우울함이 사라지지 않은 상태일 게다. 예약된 날 진료 의자에 길게 누워 알 수 없이 이리저리 움직이는 검게 나타나는 모니터를 올려다보면서 한껏 겁에 떨던 나. 차분한 마음을 가지려고 무던히도 애쓴 보람도 없이 60을 넘은 나이에 어린아이같이 출렁 출렁 눈물이 솟구치는 겁쟁이임을 숨기지 못했다. 초조히 기다리던 나의 신장 초음파 결과가 주치의로부터 이메일로 왔다. 성급하게 열어보니 서두에 'I am happy'라고 적혀있다. 아무 '이상 없음'이다. 요즈음 아팠다 하면 거의가 암이라니 겁 많은 여인이 몇 날 며칠을 별의별 고민에 휩싸여 잠 못 이룬 밤마다 새삼 건강이 최고야를 얼마나 외쳤던가. 잘 먹고 소화시킬 수 있다는 것이 그 얼마나 황홀한 경험인지, 자기 두 발로 걸을 수 있다는 것이 세상을 다 얻은 것처럼 위대한 일이며, 자기 두 눈과 귀로 보고 들을 수 있는 것이 얼마나 놀랍고 경이로운 것인지 잊고 살기 일쑤였으니.

결국 살아있음은 그 자체로 경이로움이요 감격이요, 황홀이요, 축복이다. 하나님이 주신 고귀한 삶이 헛되지 않도록 열심히 건강관리와 더 보람 있는 삶이 되도록 노력해야겠다.

텃밭에는 지금

폭염 속 뙤약볕을 즐기듯 신나게 울어대는 매미들의 합창소리가 창 너머에서 정겹게 들려오는 아침이다. 오늘도 예외 없이 텃밭에 물을 뿌려주고 있는데 널찍한 오이넝쿨 사이를 비집고 활짝 피워낸 샛노란 오이꽃 속에 머리를 처박은 꿀벌들의 작업이 한창이다.

올 봄엔 들깨를 심지도 않았는데 작년에 떨어진 씨앗이 뒤늦게 발아해 이파리가 엄청 실하다. 키 자랑을 하듯 쑥쑥 커가는 부추, 풍성하게 작은 밭고랑을 가득 메운 싱그러운 푸른 상추, 짙은 보라색의 통통하게 살찐 가지, 풍성한 잎새 사이사이로 부끄러운 듯 고개를 내민 풋고추, 알알이 붉게 물들어가는 방울토마토, 길쭉하고 검푸른 쥬키니호박(돼지호박)도 열렸다. 그뿐인가 수박모종을 한 그루 사다 심고 정말 제 구실을 할까 했었는데 신통하게도 제법 수박 몸을 갖추었다. 온 몸에 줄을 긋고 주먹 만한 열매가 두 개씩이나 열려 의젓하게 자리를 차지하고 지금 한창 부피를 늘리고 있는 중이다.

가을이 풍성하다지만 우리집 텃밭은 여름이 제철이다. 풍성한 먹거리로 이웃과 나누는 것은 아직은 깻잎과 부추뿐이다. 이제 내년이면 점점 실력을 늘려 더 많은 것을 나누는 재미도 가지려고 하니 벌써부터 마음이 풍요로워진다.

특히나 초보자로서 농사짓는 재미에 푹 빠진 이유가 있다. 지금 텃밭엔 수없이 많은 길쭉길쭉한 손가락 같은 오이가 줄기를 타고 줄지어 열리고 있다. 푸른 잎새 넝쿨에 숨바꼭질이라도 하는 듯 숨어서 말없이 살찌어 놓는 것에 탄성을 지르기도 한다.

이른 아침 텃밭에 나가면 두 식구가 먹을 만한 싱싱한 오이와 풋고추를 따다 식탁에 올려놓게 된다. 어떤 때는 갓 따온 푸른 상추와 깻잎 그리고 새콤달콤한 초장으로 비빔밥을 만들어 먹게 되는데 우리가 직접 농사지은 무공해 채소이기에 더 맛있다.

어떤 오이는 마음이 고운지 곱게 뻗은 놈도 있고, 어떤 오이는 고약하게 비뚤어진 놈도 있다. 오늘은 얼마나 컸는지 어떤 놈이 날 먹어 잡수셔 하는지 요리 살피고 저리 살피다 보면 미처 발견치 않아 늙어버린 오이들도 제법 있다. 오이는 내일쯤 따면 좋겠다 하고 하루를 보내면 그 다음날은 누런색이 물들어 있는 것을 보게 되는데 욕심 부리지 말고 일찍 따야한다는 것을 깨닫게 해준다.

오이는 비바람이 불 때를 대비해 끈으로 잘 묶어줘야 하고 메마르지 않게 늘 물을 뿌려주어야 한다. 해가 되는 것은 없는지 꼼꼼히 살펴봐야 풍족하고 실한 오이를 많이 수확할 수 있으리라.

오이 지지대는 대나무가 제격이다. 따로 줄을 쳐주지 않아도 대나무 가지를 타고 오이넝쿨이 알아서 올라간다. 기르기가 다른 식물에 비해 다소 까다롭다지만 받침대를 만들고 물관리만 잘하면 여름 내내 싱싱한 오이를 따먹는 재미가 쏠쏠할 것이다. 또한 잎채소 일색인 텃밭에 열매채소인 오이를 심으니 일을 하다가 하나씩 따먹는 재미도 있는데 아삭 아삭 시원한 맛은 꿀맛 같다. 그래서 자그마한 텃밭에 나가면 그 날 쌓였던 피로가 한꺼번에 확 풀리는 느낌이다. 저 미소한 식물마다 각기 다른 유전자를 주신 하나님께 어찌 감사하지 않을 수 있겠는가. 한 알의 씨앗이 싹이 트고 자라서 꽃이 피고 열매 맺는 과정을 관찰하면서 과학적 사고와 성취감을 느끼게 하는 좋은 계기를 갖게 되기도 한다.

텃밭의 녹색은 우리 마음을 안정시켜 주며, 자연의 소중함, 농부의 고마움 그리고 나눔의 기쁨을 알게 해준다. 또한 무공해 농산물로 가족 건강을 지키는 운동효과까지 볼 수 있으니 일석이조가 아닌가.

텃밭에서 심은 대로 싹을 내고 기특하게 잘 커가는 녀석(?)들을 보면서, 흙을 만지며 생명의 소중함, 그리고 작은 것에서 오는 소소한 행복에 젖으며 흙처럼 거짓 없는 순수한 마음으로 남은 여생을 보람되고 아름다운 삶으로 이어가리라 다짐한다.

어느 날 가발을 쓰고

아마도 작년 12월 중순경인가 보다. 그날은 두 군데를 바삐 움직여야할 모임이 있는 날이기에 잔뜩 옷차림에도 신경을 좀 쓰느라고 했다. 여자들은 머리가 어설프면 암만 옷을 잘입어도 맵시가 그저 그러니 한 달 전에 구입한 부분 가발도 아닌 전체 가발을 진짜같이 폼나게 쓰느라 이리저리 거울을 보고 최대한으로 진짜같이 위장(?)하고 모임에 참석했다.

첫 번째 모임은 허둥지둥 마치고 책 한 권을 얻어 들고 휑하니 행사장을 빠져나와 저켠 파킹장에 세워둔 차의 시동을 걸었다. 처음 써보는 가발인지라 온통 나의 신경이 곤두서 차에 달린 조그마한 앞거울 작은 불빛아래 가발 모양새를 다듬고 보고 또 보면서 바삐 다음 행사장으로 달려갔다.

나이 탓인가 저쪽에서 달려오는 차 헤드라이트 불빛이 내 시야를 어찌나 방해하는지 놀란 토끼눈을 뜨고 목적지에 도착했다. 시작에서 한 시간이나 늦었으니 얼마나 내 마음이 바빴겠나. 차 세울 빈 파킹낫이 없어 다람쥐 쳇바퀴 돌듯 돌고 있는데 마침 뒤꽁무니에 빨간불이 켜지며 한 차가 빠져나가는 틈을 이용해 냅다 차 앞부분을 들이밀었다.

정말 행운의 파킹장을 선심(?) 쓴 어느 백인에게 절로 고개를 끄덕이며 혼자 미소 짓던 그날. 차에서 내리자마자 가로등 하나 없는 어두컴컴한 길을 더듬으며 식당을 향해 발걸음을 재촉했다. 그런데 무엇이 내 묵직한 털구두 앞부분에 '탁' 걸리는 소리와 함께 정신 차릴 여유도 없이 맥없이 내 육중한 몸이 균형을 잃고 앞으로 꼬꾸라졌다.

순간적으로 일어난 사고. 나는 어두운 밤이지만 누가 볼까봐 필사적으로 일어나려고 허둥댔고 때마침 지나가는 운전자들에게 들켜 "Are you ok?" 도움을 주겠다는데 난 어린애같이 넘어진 것이 부끄러워 "I am ok"를 연발하며 무거운 코트 자락을 털고 저만치 내동댕이쳐진 핸드백을 잡아당겨 바쁜 걸음으로 식당 문을 밀고 들어섰다.

바로 정면에서 식사하던 어느 한인 단체의 회장님이 나를 보며 깜짝 놀라는 표정을 짓는데 나는 그분이 언젠가 우리집 강아지 문제로 얽힌 일이 있어 그랬나 했었는데… 화장실로 뛰어들어가 거울을 보는 순간 '아~악' 내 몰골이라니? 세상에 이럴 수가 있나. 아연실색했다 보다 더 이상의 표현방법은 없을까싶었다.

내 머리 위에 가발이 얹어진 것을 까맣게 잊고 전혀 생각지도 못했는데 넘어지는 순간의 압력으로 제멋대로 방향을 틀고 흐트러져 산발이 되어버린 나의 머리, 입술에선 피가 흐르고 내 시력을 돕던 안경은 온통 긁혀 더 이상 내 안경이 될 수가 없었고 무릎의 통증은 말이 아니다. 내 상황을 모르는 사람은 내가 밖에서 누구하고 대대적인 육박전으로 얻어터졌나 무척 궁금증과 더불어 쉽지 않은 코미디를 본 듯했을 것이다.

난 모임에 참석을 포기하고 집으로 돌아오는 쓸쓸한 차속에서 갑자기 떠오른 우리들의 인생길 대인관계라는 생각에 잠시 젖어보았다. 진짜와 가짜, 진실한 사람과 거짓말하는 사람들이 얽히는 삶 속에 열 길 물속은 알아도 한 길 사람 속을 모른다는 말이 있듯이 한동안은 인심을 얻는 척하다가 중요한 때에 표를 확실히 내는 사람, 진정성 없는 말과 행동은 어리숙한 아이조차 알아챈다고 한다.

가짜는 진짜가 될 수 없음을, 어느 날 가발을 쓰고 연출한(?) 사건이 때때로 기억에서 살아나 혼자 씁쓸한 미소를 짓곤 한다. 가짜로 열광하는 삶보다 순수한 삶이 더 아름다운 것인 것을……. 분명 우리는 우리의 삶에 있어 소중히 지켜야 할 것들이 있다. 믿음, 약속, 인간관계 그리고 상대의 마음이란 생각이다. 이 네 가지가 깨질 때 소리는 나지 않지만 큰 고통과 아픔을 주기 때문이다.

우린 언제나 영원히 살 것처럼 꿈을 꾸며, 겸손하고 거짓 없는 진실함 속에서 오늘 죽을 것처럼 슬기롭고 멋지게 후회가 남지 않는 삶을 살아가야 하지 않을까 깊이 생각하며 다짐해본다.

잘나간다고 생각할 때

빌리는 자는 빌려주는 자의 노예가 될 것이다. 성경 속 잠언의 한 구절이다. 현대의 경제 상황을 이보다 더 잘 표현해 주는 말도 없을 것 같다. 우리는 빚의 시대에 살고 있다. 비단 우리가 살고 있는 미국에서만의 문제가 아닌 전 세계가 격심한 불황에 시달리는 뉴스가 연일 보도되고 있다.

소비성향과 저축성향은 일종의 습관이다. 한번 굳어지면 다시 조정하기가 어려운 요소이다. 잘나간다고 생각할 때가 대부분 가장 위험한 시기라고 하지 않은가 그럴 때일수록 저축하고 조심해서 본업에 충실해야 할 일이다.

순풍이 불 때 폭풍우를 대비하라는 말이 있다. 한창 경기가 좋고 부동산이 겁 없이 하늘 높은 줄 모르고 마구 오르는 즈음에 많은 투자자들이 한 채, 두 채, 그보다 더 많게 경쟁을 하듯 집에 투자했다. 열심을 낸 사람들은 요즘 불경기로 인하여 삶이 불안하다. 미래에 대해서 고민 고민하며 슬퍼하는 주위 사람들을 많이 본다.

누가 이렇게 경기가 나빠지리라 생각을 했겠는가. 언제나 장밋빛이 환하게 빛나리라 기대하고 사들인 집들이 줄줄이 바닥으로 몰리고 있으니 걱정이 이만저만이 아니다.

항상 욕심이 화를 부른다. 투자란 여윳돈으로 하는 것이어야 한다. 여유는 영원히 가지 않는다. 여유 있을 때 미래에 대비하는 준비된 생활 속에서, 일확천금의 환상에서 벗어나 목적이 이끄는 투자를 위해, 인생도 투자도 최고의 덕목은 인내심이 있어야 이길 수 있다. 아름다운 꿈을 앗아가는 소비성 신용카드 빚을 경계하면서 대출받아 하는 투자는 투자가 아니고 빚쟁이로 가는 지름길이다.

강자는 버틸 수 있다지만 그러나 약자는 버틸 힘이 부족해 좌절하고 낙심해 인생을 포기하는 나약함에 심한 우울증으로 힘든 나날을 보내는 분들도 있다.

무분별한 신용카드사용은 음주 운전과 같이 위험천만하다.

짐승들은 추운 겨울을 나기위해 부지런히 식량을 모은다. 행운을 맞이하면 주위 친구들도 많아 누구나가 당신에게 친절하게 대할 것이고 이럴 때일수록 되도록 많이 저축하여 역경에 대비해야 할 것이며 당신이 어려울 때 도와주었던 이를 기억하고 언젠가는 그가 다시 도움을 주는 돌고 도는 우리의 인생길을 잘 대처해 나가야 한다.

미래를 내다볼 수 있는 자가 성공을 보장한다지만 운명적으로 다가

오는 최악의 상황을 미리 상정하고 준비한다면 더 큰 혼란과 어려움도 쾌히 헤쳐 나갈 수 있다.

인간은 아무리 힘든 고통도 이길 수 있는 능력이 있다고 믿는다. 비극 속에서도 자생력이 꿈틀대어 또 용감하게 일어나는 힘든 세월을 잘 견뎌내는 지혜를 배우며 살아가야 한다. 고생 끝에 기쁨이 오리라는 희망을 안고 잘나갈 때 자신의 앞가림이 얼마나 중요한가를 거울삼아 열심히 살아가야 한다.

창 너머 그리움을 부르며

화려한 꽃들이 흐드러지게 피어나 황홀하기 그지없는 일 년 중 제일 아름다운 계절에 멀리 고국에서 친구가 그렇게 오고 싶다던 내 집에 사위와 손녀를 대동하고 왔다.

대학 연구교수로 온 사위와 대학생인 손녀의 유학을 뒷바라지하기 위해 따라왔다는 친구는 세월의 흐름에 그다지 변하지 않은 모습이라 만남이 좋기만 하다.

이 친구는 여고 시절 나의 오빠 단짝 친구의 여동생으로 나와는 상반된 조용하고 얌전한 성격을 지닌 문학소녀였는데 오빠의 소개로 알게 되었다.

오빠 다섯에 막내 외동딸인 친구는 연로하신 어머니의 소원대로 이른 나이에 결혼했다. 그러나 신혼여행을 다녀온 지 보름이 막 지나는 날, 친구의 남편은 갑자기 심한 복통을 일으켜 급히 병원에 입원하게 되었고 맹장이라는 진단을 받아 수술하던 도중 뜻밖에도 위암이 발견되었다.

그것도 말기 위암으로 시한부 선고였으니 그 무슨 날 벼락인가. 친구의 다섯 오빠들은 동생이 어떻게 결혼생활을 유지할 것인가에 대해 의견이 분분했는데 그때의 심정은 어느 누구도 이해 못할 것이며 어떤 위로도 다 섭섭하게 들렸다고 한다.

친구는 운명적으로 다가온 최악의 상황을 왜 하필이면 나에게 주셨나 신을 원망도 했지만, 아내인 내가 아니면 누가 그이를 지켜주나 하는 생각이 뇌리에 번득 스쳐가자 남편이 너무 가엾어 눈물을 삼키며 마음을 다잡았단다.

아기를 낳고 살얼음판을 걷듯 지내는 날 속에 남편의 병이 다시 고개를 번쩍 들었다. 혼신을 다한 병간호에도 기적은 일어나지 않았고 친구의 남편은 그토록 좋아하는 생후 9개월이 된 딸아이의 재롱도 외면한 채 가족의 품을 떠나갔다.

공허한 가슴을 부여잡고 남편의 묘지 위에 엎어져 꺼억꺼억 울며 짧았던 부부애를 떨쳐버린다는 것이 너무나 힘들었다는 친구. 9개월 된 딸과 앞으로의 진로에 대해 고민하다 양품점을 운영해보기도 했고 보험회사를 거쳐 학창 시절에 꿈꾸던 글쓰기 취미를 살릴 수 있다는 희망으로 서점 운영도 해보았다고 한다.

딸아이를 오빠 집에 맡기고 허둥지둥 바삐 보낸 많은 시간 속에서도 딸아이는 자존심이 강한 아이로 커갔다. 두뇌도 명석해 값싼 센티멘털리즘에 흐르지 않는 건강하고 명랑한 소녀로 성장한 딸. 어린나이에 시작한 피아노가 적성에 맞았지만 강습비 때문에 몇 번이고 포기를 의논해야 했다. 그러나 기필코 음대로 진학하겠다는 딸의 강한 의지대로 경쟁이 심한 K대 음대(피아노)에 거뜬히 합격했다.

'자식에게 고기를 갖다 주기보다는 고기 잡는 법을 가르쳐주라'는 탈무드의 자녀교육법을 터득하며 어느 날부터 친구는 딸에게 피아노를 배우기 시작했다. 생활수단으로 피아노 교실을 차려야겠다는 일념에서 밤낮으로 열 손가락이 다 헤지도록 쳐댔고 어느 정도 실력이 쌓이자 피아노 4대를 구입 후 피아노교실 간판을 걸었다.

기초 학생은 엄마(친구)가 가르치고 딸과 함께 열심히 일하여, 학원의 명성이 높아지자 두 명의 선생을 더 고용해 피아노교실을 늘려갔다. 4년 후 딸의 음대 졸업식 날, 밤낮 쉼도 없이 피아노 선생으로 또 교회 반주자로 봉사하면서 갖은 고생을 마다 않고 엄마를 따라준 딸의 일상들이 주마등같이 스쳐가 졸업장을 놓고 모녀(母女)는 기쁨의 눈물을 흘렸다고 한다.

착실한 청년을 만나 결혼하고 후에도 쉬지 않고 시립교향악단의 반주자로 열심히 활동한 딸. 이제는 친구의 방파제 역할을 늠름하게 감당하며 마음속의 안전과 평화를 지켜주고 있는 아들 같은 든든한 사위도 있고, 사랑스러운 고등학생 손자와 대학생인 손녀를 둔 할머니로 여유 있는 삶을 즐긴다는 친구의 미소가 너무나 아름답다.

삶의 그림자를 밟으며 살아왔던 지난날들이 한 편의 영화처럼 힘들고 고독했어도 삶 속에서 우러나는 이웃들의 정이 고마운 오색 줄을 엮어주었기에 오늘이 있다는 감사도 잊지 않는다.

혼자가 되었을 때 주위에서 재혼의 유혹도 많았지만 친구는 일편단심 민들레처럼 곱디곱던 젊음과 청춘을 딸에게 모두 내어주고 오로지 그 딸을 위해 희생하며 삶을 바친 훌륭한 어머니였음을 나는 자랑하고 싶어진다.

삶의 끈을 놓고 싶지 않다는 남편의 모습이 너무나 안타까워 화장실에 들어가 몰래 울며 기도했던 그 시절. 비록 2년 남짓 짧은 결혼생활이었지만 함께 했던 애틋한 사랑과 눈물겨웠던 투병 시절의 남편이 마냥 그립다는 친구.

창 너머 그리움을 부르며 커피 한 잔을 건넨 시간들을 남겨놓고 떠나가는 친구를 배웅하면서 난 진한 우정의 눈물이 한없이 가슴에 젖어옴을 숨기지 못했다.

우리의 왡 예수

- 뮤지컬 성극을 관람하고

근심, 걱정, 좌절, 절망과 불만으로 가득 찬 무거운 보따리를 짊어지고 삶에 지쳐서 한숨 쉬며 고통스러워 안절부절못하는 한 남자가 무대에 등장해 마구 소리쳐댄다.

이때 무대에 나타난 한 신사가 "아니요 당신의 그 무겁고 힘든 그 짐을 내려놓을 수 있는 진정한 해결 길이 있다오……"라고 당당하게 외치자 무대는 긴장감이 조성된다. 그렇다. 바로 무겁고 힘든 보따리를 짊어진 사람이 바로 우리들 자신이자 모든 인생들이 아닌가.

곧 이어 이사야, 스가랴, 미가 선지자들이 차례로 등장하여 예언의 말씀을 우렁찬 목소리로 선포하고 예언, 탄생, 생애, 죽음, 부활, 승천 등 예수님의 일대기가 입체 무대 위에서 펼쳐진다. 합창, 무용, 율동, 연극 영상 등으로 어우러지는 복음의 뮤지컬을 필그림교회에서 장장 2시간에 걸쳐 보면서 진정으로 예수님을 새롭게 만나고 체험하는 귀한 시간을 가졌다. 관람 내내 스타들의 연기에 푹 빠졌다.

필그림교회 담임 손형식 목사님의 원작으로 기획, 연출, 음악, 조명, 의상, 분장 등에 이르기까지 어느 하나 나무랄 데 없는 뮤지컬 성극을 관람하면서 복음의 핵심으로 동정녀 마리아의 몸에서 아기 예수님의 탄생하심과 예수님이 행한 기적 그리고 우리의 죄를 위하여 골고다 언덕에서 십자가를 지고 가는 장면과 리얼하게 예수님의 십자가에 못 박히는 장면 특히나 예수님의 부활, 승천하는 장면은 어찌 그리도 실감나게 재현돼 "와 아" 환호하며 우레 같은 큰 박수가 터져 나왔다.

200여 명의 인원이 동원된 멤버가 기성 연극인이 아닌 아마추어 교인들로 어른들로부터 어린아이들까지 모두의 열정적인 합심노력으로 이루어진 큰 성공을 거둔 성극작품임이 틀림없다.

예수님, 선지자들, 마리아, 목자들, 천사들, 동방박사들과 촛불 행진 등등 아마추어 수준을 넘는 분장과 연기력에 감동하고 특히나 손형식 목사님이 어린아이들과 함께 한 폴카 댄스는 너무나 귀엽고(?) 관람객들의 박수갈채와 흥겹고 즐거움을 마냥 선사해주었다.

더욱이 숫자 율동은 눈을 비비고 보고 또 보고, 바디 워십도 좋았고 성가대의 합창과 독창, 화음이 잘 어우러진 남성중창과 여성중창으로 즐겁고 멋진 크리스마스를 맞으며 아기로 오신 예수 그리스도의 탄생을 뜻깊게 보낼 수 있었던 훌륭한 성극이었다.

"우리의 왕 예수" 크리스마스 뮤지컬 성극을 통하여 불만과 근심의 무거운 짐을 주님 앞에 다 내려놓고 희망과 행복을 누리는 굳건한 믿음을 가질 수 있는 좋은 작품에 수고하신 모든 출연자와 관계자들에게 감사를 드린다.

웃는 얼굴과 부드러움으로

솔개는 수리과에 속하며 독수리와는 사촌이고 몸집으로 말하자면 독수리는 큰 형, 둘째가 솔개(black Kite) 막내가 매란다. 독수리가 다른 새들을 잡아먹는 것과는 달리 솔개는 들쥐나 작은 포유류 등을 잡아먹고 산단다. 또한 독수리와 솔개는 의지력과 인내력이 강한 새로 새 중에서 가장 장수하는 70~80세를 사는 새들로 알려져 있다.

그런데 늘 멋지게, 위엄 있게 오래 사는 건 아니란다. 40세가 되면 발톱이 안으로 굽어져 먹이를 잡을 수가 없고 부리 또한 가슴 쪽으로 구부러지고 날개도 깃털들이 두꺼워져 날아다니기도 힘들어진단다. 이대로 죽을 것인가? 아니면 피나는 각고를 겪고 30년을 더 살 것인가? 고통을 감내해서라도 오래 살겠다는 결심이 서면 높은 산 바위 위로 올라가서 바윗돌에 자신의 부리를 모두 찍어 부수고 나면 단단한 새부리로 다시 생겨난다. 이 새 부리로 날개 털을 모두 뽑고, 발톱을 모두 뽑아내는 고통을 겪고 나면 새 날개와 새 발톱이 생겨서 이때부터 다시 30, 40년을 독수리, 솔개의 위세를 떨치며 살아간다고 한다.

그런가 하면 거미는 온몸을 통통하게 살찌게 한 후 새끼를 배고 새끼를 낳은 후에는 저축해 놓았던 영양소로 새끼를 키우고 마침내 새끼가 다 자란 후에는 어미 거미는 껍질만 남은 채 흘러가는 냇물에 쓸려 거미의 일생을 마감한다는, 위와 같은 다양한 내용의 글을 읽고 많은 생각을 해본다. 동물, 조류, 곤충의 세계도 이렇게 극과 극의 생활사가 있듯이 사람의 일생도 주어진 환경과 마음먹고 행동하기에 따라서 활기차게도, 초라하게도 되는 것이 아닐까. 봄 꽃샘추위 속 찬바람이 옷깃에 스며들고 밤하늘은 한없이 맑아 반짝이는 별들이 가득 채워진 밤이다.

문득 오래 전에 읽었던 어느 책속의 글들이 내 앞에 큰 활자로 나타난다. 임종을 앞둔 스승이 제자인 노자(老子)를 불렀다. 스승은 자신의 입을 벌려 노자에게 보여주며 물었다. 내 입 안에 무엇이 보이느냐? 혀가 보입니다. 이는 보이느냐? 스승님의 치아는 다 빠지고 남아 있지 않습니다. 이는 다 빠지고 없는데 혀는 남아 있는 이유를 아느냐? 이는 단단하기 때문에 빠져 버리고 혀는 부드러운 덕분에 오래도록 남아 있는 것 아닙니까? 그렇다 부드러움이 단단함을 이긴다는 진리의 말씀이다.

어느 누구의 입 안에나 다 들어 있는 세상사는 지혜, 우리가 놀리는 이 짧은 혀가 사람을 죽이기도 하고 사람을 살리기도 한다. 진리는 우리들의 차원으로 끌어내려질 수 없다. 오직 우리 자신이 진리의 차원으로 우뚝 올라서야만 한다. 수범지교(垂範指教)라는 말이 있다. 가르침에 있어서 백 번의 말보다 솔선해서 모범을 보여 그것을 가르침의 근본으로 삼는 것이 훨씬 낫다는 뜻을 담고 있는 말이다. 그러므로 참된 사람, 지혜로운 사람은 논하지 않는다. 지혜로운 사람은 스스로 증거한다. 강한 사람이 되고 싶다면 물과 같아야한다. 즉 물 흐르듯이 살아야 한다는 말이 아닌가. 힘이 부치게 열심히 노력 노력해서 독수리, 솔개처럼 목표를 향해 성공한 사람이나, 열심히 자식들을 위해 희생을 아끼지 않은 부모들일지라도 부드러운 혀와 같지 않고 거만하고 누구 때문에 내가 이 고생을……. 딱딱함만 강요한다면 누구에게나 환영받지 못할 것 같다.

햇빛이 누구에게나 친근감을 주듯, 웃는 얼굴은 햇빛처럼 누구에게나 친근감을 주고 사랑을 받는다. 인생을 즐겁게 살아가려면 먼저 찌푸린 얼굴을 거두고 웃는 얼굴을 만들어야 할 것이다. 명랑한 기분으로 생활하는 것이 육체와 정신을 위한 가장 좋은 건강법이 아닐까. 값비싼 보약보다 명랑한 기분은 언제나 변하지 않는 약효를 지니고 있다고 생각한다.

봄을 맞아 한층 경쾌해진 새들의 합창소리가 멋스럽게 들려오고, 화려하게 피어난 예쁜 꽃들이 온 천지를 아름답게 수놓는 멋진 계절이다. 겨우내 칙칙했던 때를 말끔히 벗어내는 자연의 순리에 탄복하며, 묵은 때를 벗긴 따사한 햇볕처럼 따뜻한 웃는 얼굴과 부드러움으로 또 진실함과 겸손을 기둥 삼는 매일매일의 삶이면 좋겠다.

제3부

세월 따라 가는 마음

긍정적인 사고(思考)가 중요하다

존 메이저 전 영국 총리는 아주 가난한 가정에서 태어났다. 열여섯 살 때 학교를 중퇴한 그는 가족을 부양하기 위해 노동 현장에 뛰어들었다. 그는 총리가 된 후 기자들로부터 고난의 세월을 어떻게 극복했느냐는 질문을 받고 이렇게 대답했다. "그 어떤 상황에서도 비관적인 생각을 갖지 않았다. 항상 희망을 갖고 일하면 부정적인 생각이 사라진다. 하늘은 표정이 밝고 긍정적인 사고를 가진 사람에게 복을 내려준다"라고. 그의 말을 뒤집으면 염세적이고 부정적인 생각은 좋은 이미지와 행복을 갉아먹는 좀벌레와 같은 것이 아닌가. 사람은 하루에 5,000가지 이상의 생각을 한다고 한다. 그 중 "황금은 땅속에서보다 인간의 생각 속에서 더 많이 채굴 된다"는 철학자 나폴레옹 힐의 말처럼 황금을 캐내는 듯한 생각들이 있는가 하면 백해무익한 생각들도 있다.

전에 내가 남편한테 자주 듣던 충고는 생각이 너무 많다는 것이었다. 처음엔 그게 충고인 줄도 몰랐다. 생각이 많다는 것 중에는 불안, 걱정, 괜한 우려가 많은 것이 대부분이다. '이러면 어떡하지? 혹시 이러지 않을까?' 짧게 집중적으로 깊이 생각하고 머리를 비워야 새로운 것들이 들어올 텐데 늘 머릿속이 잡다하게 차 있으니 도대체 새 생각이 들어올 수가 없었다. 그래서 내린 결론은 긍정적인 암시와 사고는 하루의 삶뿐만 아니라 그 사람의 이미지에 영향을 미치고 인생에 결정적인 계기를 만들어 줄 것이란 믿음이 앞선다는데 초점을 맞추기 시작했다.

펜실베니아 대학 심리학과 마틴 셀리그먼 교수는 긍정적인 태도를 가진 사람들이 비슷한 능력의 비관론자에 비해 성공할 가능성이 훨씬 더 많다고 지적했다. 또한 미국 심리학협회가 발간하는 『성격 & 사회심리학』 저널에 실린 연구 보고서에 따르면 노화에 대해 긍정적으로 생각하는 사람들이 노화에 부정적인 그룹에 비해 평균 7.6년을 더 사는 것으로 나타났다.

나이 들어가며 자신의 이미지를 가꾸고 관리하는 데도 사고의 방향은 가장 중요한 요소다. 거의 대부분의 사람들의 경우 표정과 동작들, 그리고 사용하는 언어에 성격과 내적인 성향이 반영되기에 긍정적인 사고가 중요한 것은 절대적이다.

활기차고 열정적인 이미지를 갖고 있는 사람들은 대부분 긍정적인 사고를 함을 볼 수 있다. 언젠가 의심 많고 까다로운 환자를 대하면서도 짜증을 내지 않는 전문의 친구에게 그 비결을 물은 적이 있다. 그 친구는 "그래서 사람 대하는 일이 어렵다는 거겠지? 사실 맨날 쉬운 문제만 풀면 재미없어. 풀기 어려운 문제가 생겼을 때가 바로 능력을 발휘할 수 있는 때가 아니겠어?" 이렇게 말하면서 웃던 그녀의 모습이 한결 더 젊어 보였다. 반면에 부정적인 사고의 소유자는 습관적으로 투덜거리고, 수시로 상황과 상대방에 대해 적개심에 불타고, 이런저런

스트레스 때문에 자주 아프다고 호소하는 것을 볼 수 있다. 우리는 "아, 행복해" 하고 감정으로 느낄 기회는 많지 않아도 "나는 행복하다"고 생각하는 것은 하루에 열 번도 할 수 있다.

긍정적 사고는 정신적인 면에 건전한 영향을 줄 뿐만 아니라 신체의 건강 상태도 양호해진다. 젊고 건강한 삶의 시작은 어떤 운동을 하느냐보다 어떤 생각을 하느냐에 달렸음이 분명한 답일 것이다.

노래는 일상의 아름다운 휴식

아이들을 돌보랴 직장에 다니랴 이민 초기의 삶은 너무나 힘겨웠다. 아이들이 한창 어릴 적이다. 얼른 자라서 제 갈 길을 모두 갔으면 하던 때가 있었다. 그러나 이제 생각하니 그때 그 시절이 좋았다. 젊음도 있었고 나를 필요로 하는 가족들이 모두 내 곁에 있었으니까. 이젠 자식들이 모두 떠난 빈 둥지에 덩그러니 노년의 부부만 남아있으니 지나쳐 간 그 세월에 그리움이 있다.

그러나 고생한 세월이 있었기에 오늘이 있음에 감사하며 한번 흘러가면 다시 오지 않을 덧없는 세월에 마음까지는 따라가지 말아야겠다. 나이는 시간의 매듭일 뿐, 생각이 어리면 늙지 않을 것이며 열정을 가지고 풍요롭게는 못산다고 하더라도 자유와 평화 속에서 안식을 누리며 몸과 마음이 다 건강하게 오래오래 살아야 함을 느껴본다.

탈무드 격언에 사람의 마음을 안정시키는 세 가지가 있는데 명곡(名曲), 조용한 풍경, 깨끗한 향기라고 했다. 때로 허전한 마음속에 고독이 마냥 눌러앉을 때, 병풍처럼 싱그러운 녹색으로 펼쳐진 뒤뜰 deck에 나가 앉아 향 좋은 커피를 마시며 때로는 성가를, 때로는 가요로, 때로는 팝송을 소리 내어 부르곤 한다.

'행복해서 노래하는 게 아니고 노래하니까 행복해진다'라는 말이 있듯이 신나게 사는 사람은 늙지 않는다고 했다. 인생에 있어서 노래가 없다면 우린 어떻게 스트레스를 풀었을까. 힘이 되어주고 마음을 편하게 해주는 음악이요, 노래는 뭔지 모르게 큰 마력을 지니고 있는 것 같다. 젊음을 주고 기쁨, 희망, 사랑 등 없는 게 없을 정도로 노래를 부를 때면 행복함 속에서 인생이 즐겁다.

또한 노래는 우리의 인생과 같이 살아왔다. 슬플 때도 흥겨울 때도 어김없이 노래는 우리와 함께 살아왔고 고된 삶에는 힘이 되었고 잔치할 때는 더욱 더 흥을 돋구어왔다.

독일 프랑크푸르트대 음악 교육 연구소의 한스 귄터 바스티안 교수팀은 노래 부르기는 면역체계만 강화시켜주는 것이 아니라 노래를 부른 사람의 기분도 상당히 개선시켜 주는 것으로 추론했다.

1956년 그러니까 내가 중2 때였으리라. 작가 조남사 작품(作品) '청실홍실'이란 라디오 연속극이 전국을 휩쓸던 때가 있었다. 6·25 사변의 후유증으로 인한 인생유전이 기둥 줄거리로 기억된다. 열심히 청취했던 조그마한 라디오 속에 사람이 있나 그랬던 그 시절. 참으로 신기해하며 집안의 보물로 귀하게 여겼던 라디오였으니까.

배고프던 시절, 힘들고 어려웠던 시절 노래 속에 우리의 이야기가 담겨져 있고 우리의 삶에 색이 충분히 그려져 있다. 지금도 심심치 않게 부르고 들을 수 있는 청실홍실 연속극 주제가를 오랜만에 정확한 가사에다 멜로디를 싣고 추억 속으로 가본다.

"청실홍실 엮어서 정성을 들여, 청실홍실 엮어서 무늬도 곱게, 티 없는 마음속에 나만이 아는, 음- 음- 수를 놓았소, 인생살이 끝없는 나그네 길에, 인생살이 끝없는 회오리바람, 불어도 순정만은 목숨을 바쳐, 음- 음- 간직했다오, 청실홍실 수놓고 샛별 우러러, 청실홍실 수놓고 두 손을 모아, 다시는 울지 말자 굳세게 살자 음- 음- 맹세한다오"

이런 추억은 그 시절 그때를 겪지 않은 젊은 층들이 어찌 알까. 우리의 삶을 기쁨의 삶으로 이어줄 음악은 없어서는 안 될 우리 일상의 아름다운 휴식이다. 힘이 되어주고 마음을 편하게 해주는 음악이 있기에 노래는 건강의 상징임이 분명하다. 노래를 부르면서 우리들의 마음을 상쾌하게 건강하게 만들어보는 훈련은 어떨까.

미련 갖지 마세요

가로수의 잎은 다 떨어지고 겨울이 왔다는 증거가 역력하다. 겨울 해는 짧다. 늦잠자고 일어나 이것저것을 하다 보면 점심시간, 조금 움직이다 보면 어느새 바깥 공기는 어둑해지며 저녁에서 밤으로 이어가며 바삐 하루를 마감하게 된다.

사는 방법이 가지가지 있다는 생각이 든다. 아니 방법이 아닐 것이다. 사는 태도 사는 생리태도가 인위적인 것이라면 생리는 천성적인 것이겠는데 그것은 눈에 보이지 않는 것이며 설령 보였다 치더라도 그것은 상황이거나 또는 움직임일게다.

60마일로 달린다는 나이 60고개. 주위 지인들의 별세소식이 간간이 들려온다. 언제나 집 구석구석을 하나하나 정리하겠다는 마음가짐과 조금씩 실천에 옮기고 있지만 이번같이 온 집안 구석구석을 확실히 헤쳐보기는 처음이다. 뉴욕 사는 사촌동생이 땡스기빙 앞두고 놀러 왔다.

원체 깔끔하게 정리정돈을 잘하는 줄은 알았지만 자기 살림이 아닌 언니의 살림까지 제 살림인 양 부엌캐비닛 속을 반으로 줄이는 작업을 서슴지 않고 “언니 평생에 이것은 안 쓸 건데 왜 두어야 하느냐?”고

야단(?)쳐가며 오밀조밀 접시며 그릇들을 마치 백화점의 물건 배열하듯 정리하는 것을 거들며 난 속으로 이것도 아깝고 저것도 아깝고, 안 돼……. 하면서도 덩달아 버리고 또 버리는 작업을 했다.

그뿐이 아니다. 부엌을 말끔히 치우고 난 다음은 다이닝룸에 자리를 잡고 찻장 안을 대대적으로 귀한 것이라고 아끼던 컵, 커피잔 등등을 대담하게 한쪽 박스에 담아놓는데 아마도 이번 기회가 아니면 버릴 용기는 절대로 못할 것 같아 눈 꾹 감았다. 다음날은 리빙룸으로 옮겨 옥돌장 안에 곱게 자리해있던 장식품들 중 그래도 여행 중에 추억이 담긴 그것만은 버릴 수 없다고 우겨대며 자리를 지키게 했다.

속으로는 제 것도 아니면서 마치 제 물건같이 취급하는 동생이 괘씸(?)하면서도 말이다. 그뿐인가, 이층 베드룸으로 옮겨가 옷장마다 걸려있는 옷들을 꺼내며 "정말 이해가 안 되네요. 언니 이 옷은 유행이 한참 지난 옷이고 이 옷은 언제 입으려고 두는 거야. 버리자. 응! 언니!" 검정 비닐백에 이 옷 저 옷을 마구 집어넣는 내 모습도 정상이 아니다. 값비싼 옷은 아니지만 추억이 담긴 옷들인데 그래도 난 40여 년이 지난 신혼 때 맞춘 비로도 코트는 유행이든 아니든 정말 멀리 보내고 싶지가 않아 구석진 옷장 안에 길게 걸어놓았다.

빽빽했던 내 옷장은 갑자기 반액세일을 단행한 듯 3분의 1로 확 줄었다. 그런데 늦은 밤 잠자리에 누워 내 품을 떠날 옷들을 생각해보니 아무래도 그 옷만은 아까워 다음날 새벽 동생 몰래(?) 비닐백에 넣어둔 투피스 두 벌을 꺼내는 내 모습이 우습기 짝이 없다. 정말이지 나 혼자서는 죽었다 깨어나도 아까워 버리지 못하는 못난 성격인데 2008년 12월이 다 가기 전에 깔끔한 동생 덕에 일사천리로 정리를 확실히 해냈다.

이제는 나 혼자만이 꼭 해야 할 일이 남아있다. 사진 정리다. 60여 년을 사는 동안 수많은 추억을 담은 사진들을 정리하려면 한순간엔 무척 어려울 것이다. 한쪽 눈 찔끔 감고 과감히 결단을 내야할 때다. 나중에 쓰레기통에 들어가는 그날을 없게 하려면 말이다.

한쪽에 쌓아놓은 비닐백과 박스들을 차에 가득 싣고 Salvation Army를 향해서 달려가는 내 마음은 시원하면서도 한편 섭섭함도 따라간다. 옆에서 동생이 내 마음을 읽었는지 한마디 한다. "언니! 미련 갖지 마세요"라고…….

봄의 소리

계절의 변화가 있다는 것은 참으로 고마운 일이다. 살을 오려내듯 불어대던 칼바람도 어느덧 꼬리를 감추고 따스하고 훈훈한 부드러운 바람으로 이 땅에 어김없이 봄은 열리고 봄이 오는 소리가 들리고 있다. 세상의 만물은 그 어느 것 하나 제자리에 머물러 있는 것이 없다. 세월도 흘러가고 인생도 흘러가고 산천도 변해간다.

포근한 햇볕을 따라 남편과 함께 오랜만에 산책길에 나섰다. 촉촉이 젖은 흙과 노랗게 피어난 민들레꽃이 방긋 웃고, 여기저기에 이름 모를 식물이 저마다 뾰족뾰족 파릇한 새순들이 땅을 가르며 봄의 근육을 자랑하듯 마구 흔들고 있다. 칙칙하고 암갈색이던 나무들도 어느새 두꺼운 나무 피지를 뚫고 가지 끝마다 망울을 달고 새싹을 틔운 모습은 참으로 경이롭다.

시들한 내 마음에까지 들어와서 반짝여 주는 햇살이 좋아 남편과 함께 발맞춰 걸으며 많은 이야기를 나눈다. 감정의 파도에 휩쓸리지 않고 매순간 웃으면서 지내려면 강인한 정신력이 필요하다. 그런 의미에서 마음을 부지런히 갈고 닦아 보름달 아래 연못같이 밝고 투명한 마음을 기른다면 역경과 시련이 포말처럼 사라질지 모른다.

화내고, 울고, 웃어도 인생의 시계는 흘러간다. 어차피 흘러가고 지나가는 게 인생이라면 좀 더 웃고 사는 게 낫지 않을까. 나도 한낱 나약한 인간에 불과하니 사사로운 일에 마음이 요동칠 때가 많다. 하지만 그럴 때마다 죽음과 직면한 이의 시련에 비하면 아무것도 아니라는 뉘우침이 고개를 든다. 이렇듯 시원하게 펼쳐보는 남편과의 긴 대화 속에 푸근함을 맛보며 운동을 겸한 산책길에서 얻어지는 소중한 것들에 감사한다.

사람들은 자신이 좋아하는 일을 할 때 삶의 기쁨을 느낀다. 실제로 무언가를 만들어보면 실감할 테지만 그것이 크든 작든 자신의 창작물을 만드는 행위에는 엄청난 에너지가 필요하다. 나도 어설프게나마 글을 쓰는 사람으로서 마르지 않는 샘처럼 다양한 글감(소재)과 화젯거리를 뽑아내는 일이 얼마나 어려운지 매번 통감한다. 하지만 힘이 들더라도 자신이 살아온 흔적을 남기는 과업은 스스로 자신의 생명을 격려하고 다독여주는 일이라 생각하며 호젓한 시간 컴퓨터 앞에 앉아 키보드의 활자를 두들기고 지우고 또 쓰곤 한다.

"인간은 생각하는 갈대다"라는 파스칼의 명언을 굳이 상기하지 않더라도 '생각하는 일'은 인간을 인간답게 만들어준다. 인간은 자신이 죽는다는 만고의 진리를 잊고 산다. 마지막 순간 마음의 짐이 되어 후벼판다면 이보다 더 안타까운 일도 없을 것이다. 그런 의미에서 건강할 때 내일 죽을 것처럼 열심히 살아가야 할 것이다. 최근 들어 부쩍 많이 사용하는 단어가 있다면 아마도 스트레스일 것이다. 스트레스는 일종의 걱정이 만들어낸 부산물이다. 그런데도 우리는 쓸데없는 걱정을 하며 살아간다. '걱정도 팔자다'란 속담이 있듯이 우리는 날마다 걱정이란 물동이를 머리에 이고 근심이란 멍에를 지고 살아간다.

한 연구기관의 조사에 따르면 절대로 발생하지 않은 사건에 대한 걱정이 40%, 이미 일어난 사건에 대한 걱정이 30%, 별로 신경 쓸 일이 아닌 사소한 것에 대한 걱정이 22%, 어떻게도 바꿀 수 없는 사건에 대한 걱정이 4%, 사실상 우리들이 해결할 수 있는 걱정거리는 4%에 지나지 않는다는 이야기다. 결국 사람들은 96%의 쓸데없는 걱정 때문에 기쁨도, 웃음도, 마음의 평화도 잃어버린 채 살아가고 있다는 것이다.

우리의 마음을 어지럽히는 수많은 걱정들, 고민들 오늘부터는 생산적이고 긍정적인 생각들로 마음을 채우기를 다짐하며, 오늘 하루가 감사하면 일생이 감사하다는 말에 힘을 얻는 보람된 삶으로 열심히 살아가야 할 것이다. 봄의 소리가 마음속에 예술혼을 자라게 하고, 무거운 삶의 짐마저도 용기 있게 지고 갈 수 있는 힘을 주기에 봄의 소리에 열심히 귀 기울이며 내 인생의 봄을 향하여 힘차게 나아가리라.

세월 따라 가는 마음

마음은 아직도 때 묻지 않은 순수한 열여덟 살 소녀이고 싶은데, 흐르는 세월의 강에 떠밀려 어느새 중년을 넘어 노년의 나이에 접어들었다. 하루하루 흐르는 시간을 붙잡아두고 싶을 만큼 아쉽고 삶의 흔적이 고스란히 얼굴에 배어 나오기에 이제는 자신의 얼굴에 책임져야 할 때다.

작은 미풍에도 어김없이 흔들리는 여린 갈대처럼 불어오는 바람 앞에 가끔 흔들리기도 하고, 덧없이 흐르는 세월에 허무와 공허가 소리 없이 밀려오기도 한다. 때로는 길가에 피어있는 작은 들꽃 한 송이에도 발걸음을 멈춘 채 은은한 향기에 취하기도 하고 작은 감동의 눈물을 흘리기도 한다.

바람 부는 겨울, 꽃피는 봄, 파도치는 여름, 황금빛 가을, 이것이 인생의 진한 한바탕이라면 그것대로의 영원한 질서와 그것을 밟고 가는 인생의 행로가 있는 것처럼, 인간은 세상과 더불어 늙는 것이 아니라 이상(理想)을 잃을 때 늙는다고 한다. 물론 세월의 흐름에 따라 피부에는 주름이 늘게 되겠지만 그러나 난 이 세상일에 흥미를 가지고 있는 한 마음에 주름은 생기지 않을 것 같다.

돈키호테를 쓴 세르반테스는 "지나간 일을 되돌아 추억한다는 점에서 인간은 강(江)과 다르다"고 한다. 또한 피천득 선생은 "과거를 역력하게 회상할 수 있는 사람은 참으로 장수하는 사람이며 그 생활이 아름답고 화려하였다면 그는 비록 가난하더라도 유복한 사람이다. 그러나 예전을 추억하지 못하는 사람은 그의 생애가 찬란하였다 하더라도 감추어둔 보물의 세목(細目)과 장소를 잊어버린 사람과도 같다"고 했다.

피 선생의 말대로라면 아름답고 화려한 과거의 추억은 감추어둔 보물과도 같은 것이다. 그래선가 때때로 지나쳐간 그때 그 시절의 추억들이 빛바랜 앨범 속의 흑백사진처럼 아련하게 떠올리는 시간이 부쩍 많아진 걸 보면 깊이 감추어두었던 보물이 내게도 수북 수북이 쌓여있음이 분명하다.

언젠가 부모님을 모신 공원묘지를 오르는 언덕길에 언제 누가 써놓았는지, 작은 목판에 "나도 한때는 이 세상 사람이었다"라는 글귀를 읽는 순간, 맞어! 이승과 저승이 멀지 않다는 것을……. 태어난 자는 반드시 죽고, 만난 자는 헤어지며, 한번 성한 것은 시들고, 높이 오른 자는 반드시 내려와야 하는 것이 세상의 진리다. 누구나 인연 따라 왔다가 그 인연이 다하면 가는 것이니 갈 때를 대비하여 생사의 도리를 깨닫는 마음의 수행을 해야 함이 절실해진다. 그래서 플라톤은 "인생이란 짧은 기간의 망명이다"라 했나 보다.

천주교 대구 대교구청 성직자 묘역 입구에는 이렇게 적혀있다고 한다. "오늘은 내 차례, 내일은 네 차례" 죽은 이가 산 자에게 던지는 이처럼 강력한 경고가 있을까. 이것이 단지 죽음에 대한 경고가 아니라 '선한 자여 다음번엔 당신이 그분 곁에서 평안을 누릴 차례'라는 겸손의 의미가 들어있다 해도 말이다. 세월은 시작도 끝도 없이 강물처럼 흘러가고 있다.

강물 같은 세월 따라 가는 마음속에 중요한 건 건강하게 살아 숨 쉬는 오늘이란 날이 얼마나 복되고 행복한가를 가슴 깊이 새기며 느껴보게 된다. 남은 세월을 허송치 않는 부지런함과 날마다 범사에 감사하면서 기쁨과 사랑이 넘쳐나는 보람된 삶이기를 소원한다.

부모님을 추모(追慕)하는 날

한가위 보름달이 조금씩 기울고, 청명한 가을 하늘과 코스모스가 살랑대는 천고마비의 계절도 막바지다. 하나님의 부르심을 받아 하늘나라에 가신 부모님을 추모하며 이곳의 형제자매들이 모처럼 한자리에 모였다.

살아생전에 효도를 다 못한 아쉬움, 부모님에 대한 그리움, 슬픔 등 만감이 교차되었지만 바쁜 미국생활에서 한자리에 함께한다는 것은 특별한 날이 아니면 쉽지가 않다.

난 9월이면 늘 마음속에 슬픔과 기쁨이 교차되는 날을 계수하며 지내곤 한다. 어쩌면 아버지께서도 9월 어느 날, 어머니도 9월의 어느 날, 이 세상을 떠나신 날이기에 부모님의 기일은 항상 가슴앓이로 나에게 다가오고 부모님의 삶을 다시 한 번 생각해보곤 한다.

누가 말하기를 부모님은 성직자라고 했다. 그 이유는 생명을 다루며

보수도 없고 기한도 없기 때문이다. 또한 최초의 스승이기도 하다. 어느 교육보다도 사람다운 사람이 되는데 가장 중요한 역할을 하는 가정의 선생이시다. 더 감사할 일은 하나님이 부모님을 통해 생명을 우리에게 주신 것이다.

부모님의 추모 예배는 고국에 계신 오빠가 30여 년을 넘게 드렸다. 장남의 임무를 누구보다 헌신적으로 이행하던 오빠가 갑자기 세상을 떠나고 나니 정말 우리 형제들은 한 팔을 잃은 고아가 되어 부모를 잃었을 때보다 더 큰 슬픔을 안고 지낸다.

더욱이 부모님의 묘소를 정성껏 모셨던 오빠의 효성을 이제 누가 대신할 것인가. 오빠가 건강할 때 묘지 이장과 납골당에 모시자는 계획이 오고 갔으나, 그 막중한 임무를 우리에게 말 한마디 유언도 없이 홀연히 떠나간 지금에서야 오빠와 새언니의 수고와 고마움을 깨닫게 되니 말이다.

이제는 미국에서 부모님의 추모 예배를 드리기로 형제들과 합의하고 맏딸이 첫 추모 예배를 드리기로 했다. 오랜만에 만나는 형제들과 정답게 나눌 만찬도 준비하면서 문득 생각나는 아버지께서 생전에 즐겨 잡수시던 동그란 녹두전도 만들어 놓고, 어머니께서 좋아하셨던 팥고물을 만들어 얹어 2층 시루떡도 쪄놓았다.

부모님이 마치 곁에 계신 양 혼자서 신나 "아버지 이 녹두전 잡수세

부모님을 모시고 함께한 가족사진(1971년)

요. 엄마 이 떡 잡수세요, 정말 맛있죠?" 하며 생전 처음으로 부모님을 추모하는 날. 난 철없는 딸이 재롱을 떨듯 흥분 속에 이런저런 음식으로 형제들과 나눌 정성 들인 밥상을 차려놓았다.

추모 예배를 마치고 부모님 생전의 모습을 돌아가며 회고하는 우리 형제들. 우리 세대 어머니는 다 비슷하겠지만 한 번도 호강해보지 못하고 평생 고생만 하고 58세의 젊은 시절을 마감하고 돌아가신 어머니. 그 어머니를 그리워하면서 세상에서 가장 위대한 이름 죽어도 잊히지 않을 어머니의 사랑에 눈물 바람은 쉽게 가시지가 않았다.

솔직히 70세에 돌아가신 아버지보다는 어머니가 더욱 그립고 아무리 효를 다했다 하더라도 어머니의 그 끔찍한(헌신적) 자식 사랑에 보답할 길이 없어 절절한 아픔이 남는다.

모든 것이 아쉽고 후회스러운 많은 세월이 흘러갔지만 부모님을 추모하는 날, 우리 형제자매는 더 없는 사랑과 우애로 남은 삶을 멋지게 살아가기를 다짐한 시간이기도 했다. 떠남과 만남은 언제나 상존하지만 떠날 수밖에 없는 우리 인간의 원죄(?)가 너무 안타깝다.

두 올케와 형제자매가 한자리에
(2010년, 미국 버지니아에서)

온 가족의 우울함

신록의 계절 5월의 싱그러운 향훈은 벌써 짧은 팔소매의 옷을 걸치게 하고 있다. 3월 초부터 고국에 계신 오빠의 건강에 이상이 있음이 전해오면서 우울한 날 속에 아침저녁으로 국제전화가 불이 났다. 마침 난 나의 책 출판기념회의 날짜가 정해져 있는 터라 오빠의 병문안을 당장 서두를 수 없어 얼마나 가슴이 탔는지.

오빠의 수술날짜가 잡히자 우리 집안엔 큰 비상등이 켜졌다. 오빠는 정말 우리 집안의 기둥이다. 요즈음 같이 의리도 책임감도 헌신짝 같이 버리는 세상에 부모님같이 형제들의 뒷바라지를 마다않고 해온 공로자다. 전에는 알지도 듣지도 못한 담도암이란 특이한 병 진단을 받고 서둘러 수술을 했고, 수술 상처 자리가 아물지 않아 진저리친 40여 일간의 병원 신세를 겨우 벗어나 퇴원해 집에서 요양할 때 난 어둠이 깔리는 시간에 인천공항에 도착했다.

가족들은 간호하느라 지쳤을 테니 절대로 공항마중을 나오지 말라고 당부하고 공항버스로 오빠네 집에 도착했다. 누워있던 오빠는 멀리서 오느라 고생했는데… 미안해 하지만 이제는 고국 방문 시 번거롭게 공항으로 마중 나오는 것은 촌스러울(?) 정도로 여러 코스의 공항버스 시스템이 잘 되어있어 복잡한 수고는 서로가 안 하는 편이 오히려 편함을 느꼈고 장려해야 할 문제 같다.

초췌해진 오빠의 모습을 보니 눈물이 왈칵 쏟아진다. 오빠의 황금 같았던 전성시대는 어제의 이야기가 되는 것인가. 육신이 쇠잔해갈수록 마음은 더 간절히 삶에 대한 애착이 생기는 법, 그것은 눈물겨운 염원이다. 오빠의 괴로움은 불면증이다. 아무리 잠을 청하려고 해도 매일 밤 뜬눈으로 밤을 밝히니 정말 사는 게 아니다.

창으로 화창한 햇볕이 홍수처럼 쏟아지는데 어느 황량한 겨울 길목에 홀로 서 있는 듯 오빠는 초점 잃은 젖은 눈으로 이제 병든 자신을 생각하며 아, 이게 인생인가. 비애에 짓눌린 모습이 선명해 가엾기도 하고, 우리의 인생이 풀잎에 내려앉은 이슬 같은 것이고 태양이 떠올라 이슬을 말려버리듯 흔적도 없이 사라진다면 우리의 삶이 얼마나 허무한 것이겠는가.

오랫동안 침대에 누워있으니 허리가 끊어지는 것 같다고 호소하고 팔다리도 힘을 쓸 수가 없어 하루에도 몇 번씩 마사지를 해야만 했다. 특히나 서울의 여동생은 손목인대가 늘어난 줄도 모르고 계속 마사지를 해드리다 병을 얻고 물리치료를 받고 있다니 안쓰럽기 그지없다. 정말 환자 간호한다는 것은 절대 쉬운 일이 아니다. 비즈니스 하는 남동생도 어렵게 시간을 만들어 형 병문안 차 고국으로 달려갔고 온 가족과 형제들의 열성적인 간호 힘인가 오빠는 점점 병세가 호전되어 며칠 전부터는 항암치료를 받기 시작했다.

첫 항암치료를 받던 날 온 가족은 가슴을 조이며 항암 부작용에 신경을 곤두세웠고 인터넷에서 '암 치료가 시작됐을 때 암환자가 취해야 할 7가지 각오'를 찾아 읽으며 참고로 오빠에게도 이메일 했다.

(1)나을 수 있다는 확신을 가져라
(2)부작용을 두려워하지 마라
(3)치료 중에는 열심히 먹어라
(4)새로운 삶의 방식을 디자인하라
(5)의료진을 만날 때는 항상 질문목록을 준비하라
(6)경험자의 체험담을 귀담아듣고 담당 의료진과 상의하라
(7)소중한 지금 이 순간을 낭비하지 마라

금년 말에는 확실한 항암치료 효과 속에 무조건적인 사랑과 감사하는 마음으로 덤으로 사는 제2의 오빠의 삶이 반드시 이루어질 것을 믿으며 온 가족의 우울함이 완치의 기쁨으로 깨끗이 사라질 것을 간절히 기도한다.

최대의 미덕인 겸손

“복이 있다 해서 다 누리지 마라. 복이 다하면 몸이 빈궁에 처하게 된다. 권세가 있다고 해서 그것을 다 부리지 마라. 권세가 다하면 원수를 만나게 된다.” 복이 있을 때 복을 아끼고, 권세가 있을 때 오히려 더 공손하고 겸손하라는 구절이 명심보감에 적혀 있다.

오래 전 세월 속의 어느 날, 팝송을 우스꽝스러운 발음으로 부르는 연기자 조형기 씨가 주연으로 나왔던 『완장』이라는 단편 드라마를 본 적이 있다. 순진하고 보잘것없던 시골 청년이 어느 날부터 마을 저수지의 관리인이 되어 ‘관리’라고 쓴 완장을 차게 된다. 처음에는 정말 저수지를 잘 지키려는 의도로 사람들에게 완장 낀 팔을 내밀었는데 시간이 지나면서 몰래 낚시를 하려는 ‘청탁’도 들어오고, 저수지 근처의 나무를 베려고 슬쩍 쥐어주는 돈도 생기기 시작하면서 이제 더 이상 그의 완장은 예전의 완장이 아니게 된다.

이토록 오랜 시간이 지나도 그 드라마가 잊혀지지 않고 생생히 기억되는 걸 보면, 내게 꽤나 충격적인 인간사로 남았나 보다. 아니, 살면서 그 드라마가 떠오르는 순간이 많았기 때문이라는 것이 더 옳을 것이다. 사회생활을 하다 보면 너무나 많은 완장을 만나게 된다. 꼭 필요할 때 멋지게 휘둘러주면 좋으련만, 일단 먼저 휘두르고는 다시 슬쩍 집어넣는다. 마치 새 칼을 선물 받고 뽐내는 어린아이의 몸짓처럼.

키스 해럴은 『태도의 경쟁력(Attitude is Everthing)』이라는 책에서 '우리는 살아가면서 다른 사람들의 관점과 지혜, 지원이 필요하게 된다. 자신의 신념과 관심사를 공유하는 사람들과 친밀한 관계를 맺으려면 이기심을 버리고 겸허한 마음과 겸손해야 사람을 얻을 수 있다'고 강조하고 있다. 허나 교만하고 겸손치 않으면 모처럼 얻은 좋은 사람이라도 나 몰라라 멀리 떠나고 만다는 진리를 배우게 된다. 자신에 대한 자만심에 사로잡혀 겸손한 태도를 잃는 순간이 바로 모든 것을 잃는 시점이 될 수도 있다는 것이 아닌가.

성철 스님은 재물병, 여색병, 이름병의 3병 중 쉽게 치유되지 않으며 사람을 가장 망가뜨리는 고질병은 단연 '이름병'이라고 하셨다. 옛날 고명한 인물들 중에는 뒤뜰에 말뚝 하나 박아놓고 절을 하는 경우가 있었다. 더 이상 자기를 가르칠 스승이 없음에도 불구하고 말뚝을 스승삼아 거기에 절을 함으로써 오만해지기 쉬운 마음을 가다듬으며 겸손하고자 노력한 것이다. 또한 어느 작가가 말하던 '세탁소의 옷걸이'가 생각난다. 헌 옷걸이가 새로 갓 들어온 옷걸이에게 "너는 단지 옷걸이일 뿐이라는 것을 잊지 마라"고 충고한다. 잠깐씩 입혀지는 옷을 자기의 신분인 양 우쭐대거나 교만하지 말라는 것이다.

성악가 조수미의 한 친구는 무대에 오르기 전의 조수미를 '장 보러 가는 새색시'라 묘사한 적이 있다. 이에 대해 조수미 자신도 "무대는 나와 청중 사이의 '연애'다. 사랑하는 이에게 잘 보이고 싶고, 또 할 수 있는 한 최대의 아름다움과 지성으로써 사랑을 확인받고 싶은 그런 마음이다. 그래서 늘 사랑하는 사람을 대하듯 설레고 두근거리는 마음으로 내 무대를 준비 한다"고 말하는 조수미의 놀라운 재능과 그녀의 공손하고 겸손함이 얼마나 멋지고 사랑스러운가. 그저 자신을 낮추기만 하는 것이 아니라, 상대방을 마음으로 존중하고 그것을 성숙한 모습으로 표현하는 것이 겸손이요, "인생은 되돌려줄 때 완성된다"고 말하던 전설적인 골퍼 게리 플레이어(Gary Player)의 말에 전적으로 동감(同感)한다.

어린 시절부터 누누이 들어왔고 누구나 겸손한 사람을 좋아한다는 걸 우리 모두 아는데도 겸손이 여전히 최대의 미덕으로 꼽히고 있는 것은, 결국 우리의 모습이 대부분 겸손하지 못하다는 반증이기도 하다. 대통령이 되어서도 자신의 구두를 손수 닦던 링컨의 말처럼 겸손이란 '지극히 당연한 것을 지극히 당연하게 하는 것'일 것이다.

행복함과 감사하는 삶

어느덧 겨울의 한복판에 와 있다. 황혼이 지고 뿌연 밤이 깔리기 시작하는 걸 보면 겨울 해가 정말 짧다. 2012년 새해를 맞으며, 자신의 삶에 만족을 느낀다는 것은 참으로 행복함이요, 즐거운 마음으로 이웃을 만날 수 있다는 것은 역시 행복한 일임을 다시 한 번 생각게 한다. 살아간다는 것이 바람 같은 것이지만 밀물처럼 가슴에 살아있음의 환희를 느끼게 하는 것은 무엇일까. 또 누구 때문에 살아간다는 핑계가 아니고 자기 스스로 살아가고 있음을 기쁘게 느낄 수 있는 것 그것은 또 무엇일까. 진정으로 행복해지려면 자기의 생활 속에 있는 작은 것들을 소중히 여기며 자기의 분수에 맞는 생활을 해야 하는 것이며, 행복은 평범하고 작은 일상의 일들 속에 있음을 알게 된다. 조용한 방에 앉아 독서를 하는 것도 행복이다.

독서는 지성과 감성의 갈증을 승화하여 새로운 세계를 맛보게 하는 지름길이라고 했다. 알고자 하는 욕구와 느끼고자 하는 욕구에서 이루어지는 것이며 가보지 못한 세계, 살아보지 못한 세계, 꿈속에서 만나는 세계 그리고 보이지 않는 세계로 갈 수 있는 길이요 독서는 높이

오르는 날개를 우리에게 달아주는 가장 정확한 방법이라 하겠다. 무엇을 가질 것인가를 생각하지 말고 무엇을 남길 것인가를 생각하면서 산다면 그 사람의 삶은 절대로 헛되지 않을 것이다. 행복은 결코 무지개처럼 찬란한 대상이 아니다.

백낙천 시인은 "인생을 부귀로써 낙(樂)을 삼는다면 좀처럼 낙(樂)을 누리지 못한다"고 했다. 만족은 자신의 내면에서 찾아지는 것이지 밖으로부터 오는 것은 아니다는 뜻일 것이다. 그래서 행복도 하나의 기술이라 말할 수 있을 것이다. 높은 학력을 가졌으면서도 불행하게 사는 사람이 있고, 가진 것이 많은 부자이면서도 불행을 호소하는 사람을 우리는 얼마든지 볼 수 있기에, 만족이나 행복은 반드시 소유에 비례하지 않으며, 지성이 그것을 보장해 주지 않음을 알 수 있다. 많이 소유한다는 것은 소유한 만큼 신경이 쓰이는 일이다. 유지하고 관리하지 않으면 소유의 균형이 무너지기 때문이다. 이 세상에서 쉽게 얻어지는 것이 있다고 믿는 그 자체가 실패의 사람이다. 땀을 흘려 열심히 일하는 것이 고통스럽다고 생각한다면 그 사람은 성취감이나 진정한 행복도 모르는 사람이다.

행복하려거든 감사함에 눈 떠야 한다. 내가 살아있는 사실에 감사하고, 내가 사랑하는 가족이 있어서 감사하고 특별히 건강함에 감사한다. 존경하는 스승이 있고 섬겨야 할 어른이 있으며 격의 없이 대화할 수 있는 친구나 이웃이 있다는 것은 얼마나 좋은 일인가. 기쁨은 반드시 커다란 일에서만 오는 것은 아니다. 남의 평가에 신경 쓰지 말고 내가 소중하게 여기고 보람을 찾으면 된다. 비록 작은 일이라도 거짓 없이 진실로 대할 때 행복한 것이지 아무리 큰일이라도 위선과 거짓이 들어

있으면 오히려 불안을 안겨주고 불행을 불러오게 된다. 그래서 작은 것을 소중하게 여기고 명성보다는 진실을 사랑할 줄 아는 사람이 행복한 사람이다.

어떤 사람이 한 성자에게 "당신은 가진 것이라곤 없는데 어찌 그렇게 밝게 살 수가 있느냐"고 물었다. 그때 그 성자는 "지나간 일에 슬퍼하지 않고 아직 오지 않은 일에 근심하지 않는다. 오직 지금 당장 일에만 전념한다. 어리석은 사람은 아직 오지 않은 미래를 가지고 근심 걱정하고, 이미 지나간 일에 매달려 슬퍼한다"고 대답했다. 그렇다 공연한 일에 매달려 근심 걱정하지 말고 잊어야 할 것은 빨리 잊어버려 마음을 비우는 것이 행복의 길이다.

체념도 하나의 슬기로움인 것이다. 항상 사물을 긍정적으로 보고 관심을 가지는 것은 자신의 삶을 밝게 만들어줄 것이다. 다시 한 번 행복은 행복하다고 생각하는 사람의 마음속에서 더욱 튼튼하게 자란다는 것을 잊지 말고, 행복함과 감사하는 삶을 위하여 날마다 열심히 살아가야 할 것이다.

한겨울에 반갑지 않은 손님

고국의 한강이 얼었다고 한다. 어릴 적에는 논, 밭, 들, 주변 냇가 웅덩이들이 꽁꽁 얼어 썰매도 타고 미끄럼도 타던 기억이 있다. 처마 밑 고드름을 따서 먹기도 하고 꽝꽝 언 한강을 겁 없이 건너보는 용기와 오기를 부리던 젊음의 시절은 이제 먼 추억 속으로 가버린 지 오래다. 이제 노년이 된 입장에서는 한겨울 추위가 그저 빨리 지나가 줬으면 하는 생각이 더 현실적인 것 같다.

금년 겨울의 싸늘함은 마음까지 얼게 만드는지 연초부터 두통과 고열을 동반하고 찾아왔다. 반갑지 않은 손님은 심한 기침까지 안겨주어 밤잠을 설치는 힘든 날이 계속되고 아픔에 치여 친구들과 만남을 자제하는 마음이 더 힘들다. 기운을 받고 힘을 내서 새로운 한해를 맞고픈 열망의 꿈이 사그라지는 것은 아닐까.

지난해에는 거의 두 달이 넘도록 집을 떠나 여행을 하면서도 끄떡없던 내 체질에 안심을 했었던 것이 자만이었나. 건강은 누구도 자신할 수 없고 자신해서도 안 된다고 생각한다. 평소에 꾸준한 운동과 자기 관리가 건강유지의 지름길임을 익히 알고 있으면서도 쉽지가 않은 것이 일상이다. 기침에 좋다는 생강과 대추를 잔뜩 넣고 폭폭 끓여 꿀을 타서 벌써 얼마를 마셨는지 온 집안이 생강 냄새로 진동하고 있다.

엄마 건강을 염려해 다독거리는 딸들의 위로에 내 큰 눈에서는 눈물이 핑 돌았다. 어린아이같이 주르륵 눈물을 찔끔거리는 마음 약해진 모습을 감추느라 화장실에 뛰어들어가 서성거리는 내 모습을 보니 바보 같아 맥없이 웃어보기도 했다. 분명 사려 깊고 점잖고 우아하고 품위 있는 어머니가 되기로 딸들을 향한 내 마음은 이렇다는 것이었는데 바로 자식 앞에서 약해진다는 것을 이렇게 강하게 실감할 줄이야. 감기에 절어 20여 일을 앓다 보니 거울을 보기도 무섭고 늙는다는 것이 바로 이런 것이구나 덜컹 겁도 났다.

한겨울에 반갑지 않은 손님 덕에 침대 속에 푹 파묻혀 책장에 쌓인 책을 골라보기도 하고 '콜록'이는 기침과 잔뜩 쉰 목소리 때문에 걸려온 전화 통화가 어려움을 안 친구는 바로 이메일로 격려글이라며 두 가지의 글을 보내왔다.

※ 첫 번째 글은 '무엇을 할 수 있는 나이인가?'이다.
65세는 좋은 일이 있어도 건강이 걱정되는 나이
73세는 누가 옆에 있어도 방귀를 뀔 수 있는 나이
82세는 뭘 하려고 하면 주변 사람들이 괴로워하는 나이

88세는 뛴다고 생각하는데 걷고 있는 나이
100세는 인생의 과제를 다하고 그냥 노는 나이

※ 두 번째 글은 '생체 나이 10년 줄이기 전략'이다.
첫째는 오늘 당장 건강관리 전략을 세운다.
둘째는 정기적으로 건강검진과 노화 검진을 한다.
셋째는 흡연, 과음을 피한다.
넷째, 절식을 하되 영양소의 균형을 유지한다.
다섯째, 충분한 수면, 낮잠을 취한다.
여섯째, 중간 정도의 운동을 규칙적으로 한다.
일곱째, 스트레스를 관리한다.

모질게도 불어대던 동장군의 매서운 치맛바람이 잠시 숨을 죽였다. 오후에 들면서 눈발이 그치고 겨울 햇살이 뜰에 가득하다. 방긋 웃는 햇살이 좋아 주섬주섬 옷을 갈아입고 수영장으로 달려갔다. 아니나다를까 해가 있는 겨울 낮은 따뜻했다. 스파(Spa)에서 땀으로 몸속의 노폐물이 수없이 빠져나와 감기야 물렀거라고 속으로 얼마나 외쳤던지……. 몸도 머리도 한층 가벼워짐에 감사가 절로 난다.

규칙적인 일상생활에서 육체를 단련하는 것만큼이나 마음을 거울처럼 닦고 가다듬는 게 더욱 중요할 것 같다. 몸이 건강할 때 건강에 마음을 쓰고, 매사에 긍정적인 사고로 밝은 삶 속에서 범사에 감사가 넘치는 생활들로 채워간다면 생체 나이 10년 줄이기는 틀림없이 내 것으로 부족함이 없을 것이다.

제4부

웃는 얼굴

노래방에서 부르는 애창곡

성탄절과 연말을 맞아 각종 행사에서 이런저런 이유로 노래를 부르기 위해 마이크를 잡는 기회가 많아질 것이다. 얼마 전에 읽었던 글 중에, 의사들이 즐겨 부르는 곡 중에는 '말 달리자'가 많고 CEO들의 회식 자리 애창곡 중 흔한 것은 노사연의 '만남'이라고 한다. '우리 만남은 우연이 아니야'로 시작되는 노랫말이 직원들에게 소속감과 애사심을 자극할 수 있기 때문이라고들 한다. 정치인들 역시 유권자들을 상대로 득표 활동을 하는 데 딱 들어맞기 때문에 너도나도 선호하는 곡이란다.

우리는 흔히 누군가의 노래를 들으며 가사를 의미 있게 받아들이는 경향이 있고, 더구나 요즘에는 노래방 기기의 모니터를 응시하면서 가사를 함께 읽는 경우가 많기에 선곡에서 리듬 못지않게 중요한 것이 가사이다. 애창곡을 고를 때에는 자신의 음색에 잘 맞고 좋아하는 곡으로 고르되 그때그때 분위기를 어색하게 만들 만한 가사는 피하는 것이 좋다. 항상 무거운 가곡이나 박자가 느린 곡만 부르면 분위기를 너무 가라앉히므로 삼가도록 하는 반면 최신곡만 연달아 부르면 듣는 이들의 흥이 깨지는 경우도 있다. 그런가 하면 누군가가 계속해서 이별 노래만 부른다면, 그가 실연했을 것이라는 추측을 하는 것도 무리가 아니지 않을까.

우린 어떤 노래를 듣는 순간 떠오르는 사람이 있는 경우를 경험해 본 적이 있을 것이다. 때로는 첫사랑처럼 개인적인 누군가가 떠오르기도 하고, 어떤 상황이 기억되기도 한다. 난 지금은 세상에 안 계신 오빠의 애창곡이었던 안다성의 '사랑이 메아리칠 때'를 들을 때면 오빠의 건강했던 모습이 떠올라 그리움이 솟구치고 부모 같던 오빠와의 추억을 기리곤 한다. 노래는 그저 부르고 듣는 것만이 아닌 강력한 이미지적 요소가 있음이 분명하다.

노래방 기기의 발달은 일반인들의 노래 실력을 한층 더 향상시키는 계기가 되어 요즈음 노래를 잘하는 사람을 흔하게 볼 수 있다. 다른 사람은 배려하지 않고 한번 마이크를 잡았다 하면 혼자서 몇 곡씩 연달아 부르는 것 역시 좀 삼가는 게 좋을 것이다. 어색함을 핑계 삼아 소파나 의자에 앉은 채로 노래를 부르는 경우가 있는데 이건 예의에 어긋날 뿐만 아니라 정확한 발성을 힘들게 함으로써 결국 노래 실력 발휘도 어렵다. 몸의 방향도 또한 중요하다. 요즈음 가사를 외어서 노래하는 사람들이 드물다 보니 TV 모니터를 향한 채 노래를 부르곤 하는데 옆으로 살짝 비켜서서 다른 사람에게 등을 보이지 않는 범위에서 부르는 것이 매너와 이미지에 효과적이라 생각한다.

표정이나 제스처 등을 가사나 분위기에 맞게 표현하며 여유를 전할 수 있다면 경직된 이미지 보완에 훨씬 도움이 될 것이다. 가창 후 관객의 박수에 답하는 적당한 인사 역시 중요하다. 쑥스러워 중간에 앉아 버리거나 끝내고는 바로 화장실로 가버리는 것은 보기에도 어색하다. '노래방 꼴불견'을 재미있게 풀어놓은 것이 있는데, 남이 노래할 때 큰 소리로 따라 부르는 사람, 신나는 곡 나오면 꼭 남의 손을 끌면서 백 댄싱을 강요하는 사람, 자기 노래 예약 한다고 예약 버튼 잘못 눌러서 남의 노래 다 끊어놓은 사람, 마이크를 돌리다가 남의 머리 치는 사람, 남의 허벅지에 탬버린 쳐서 피멍 들게 하는 사람 등이라고 한다. 한번쯤은 경험한 듯하고 우스갯소리로 넘겨버릴 말들만은 아니다.

노래방은 노래만 하는 곳이라기보다는 서로의 훨씬 진솔한 이미지를 전달할 수 있는 곳이다. 본인이 노래를 부르는 것 못지않게 다른 이의 노래를 관심 있게 들어주고 작은 것에 배려하는 모습으로 2012년 성탄절과 송년을 멋지게 보내는 보람되고 행복함이 넘쳐나기를…….

기차에 몸을 담고

일주일간의 오붓한 만남의 시간을 보내고 내 집으로 돌아가는 날이다. 노스캐롤라이나에서 알렉산드리아를 거쳐 뉴욕으로 이어지는 앰트랙 79번 기차가 '뿌우웅' 기적소리를 요란하게 울리며 간이역(驛)으로 들어온다. 작은딸네의 배웅을 받으며 기차에 올랐다.

짐 가방을 선반에 올리느라 끙끙대는 내 모습이 안쓰러웠는지 건너편에 앉아있던 백인 청년이 친절하게 다가와 도와준다. 텅텅 빈 차창 쪽으로 자리를 정하고 앉자 요람을 흔드는 것처럼 기차는 흔들흔들 삐꺼덕 소리를 내면서 서서히 움직이기 시작한다.

철길 옆 화단에 핀 작은 꽃들도 배웅하는듯 손을 흔들고 뭉게구름은 기차를 쫓아오느라 바쁜 걸음을 재촉한다. 띄엄띄엄 앉은 승객들은 스쳐 지나가는 차창 밖 풍경만 열심히 바라보며 침묵하는 사람, 책을 읽는 사람, 눈을 감고 명상하는 사람, 식당칸에서 음식을 사서 나르는 사람 등 승객들의 마음도 각양각색이리라. 창밖의 자연은 자기의 역할인 듯 말없이 한껏 검푸른 싱그러움을 펼쳐내고 있다.

널따랗게 펼쳐진 옥수수 밭, 질서정연하게 심겨진 감자, 고구마, 콩밭을 온통 뒤덮은 풍성한 푸르름이 바람에 살랑인다. 덜커덩 덜컹 속력을 내며 달리는 차창 밖 눈부신 햇살에 잘게 부서져 내리는 은빛 호수가 느닷없이 나타나기도 하고 또 수면 위로 길게 드리워진 나지막한 산 그림자가 파노라마처럼 길게 길게 펼쳐져 있어 감상하는 멋이 일품이다.

그런데 갑자기 어릴 적 기억이 아스라이 떠오른다. 50여 년 전 1·4 후퇴 때 피난길. 좁은 공간에 수많은 피난민들이 겹겹이 자리를 차지하고 앉아 기약도 없이 쉬었다 달렸다를 반복하며 달리는 화물기차 꼭대기에 몇 날 며칠을 추위와 배고픔을 이기며 간 곳이 대구였다.

가야 할 곳은 부산인데 대구까지 만의 종점이었는지는 몰라도, 추위에 떨며 대합실 모퉁이에 서 있는 우리 가족을 발견한 역 승무원은 친절하게도 하얀 김을 마구 뿜어대는 기차칸으로 안내해주었다. 편하게 육중한 몸뚱아릴 씩씩대며 질주하는 그 검은 야생마를 타고 부산까지 무사히 도착할 수 있는 행운에 감사함을 잊지 못한다.

우린 시장 한 귀퉁이에 솥을 걸어놓고 밥을 지어먹던 아련한 추억 속 흑백사진 속의 기차. 까마득한 옛날을 생각하니 그 절절한 향수가 유년기의 추억 잔향이 눈물겹다. 그러나 그 유년의 시절엔 부끄러움도 모르는 철없는 즐거움도 있었고, 고국을 떠나 이민의 고달픈 삶을 살면서 때때로 피할 수 없는 어려움이 찾아왔어도 견딜 수 있었던 것은 신앙심이 큰 힘이 되어 주었기에 오늘이 있다고 생각한다. 인생의 위기는 내게 주어진 또 하나의 기회로 보거나 과거와 현재의 삶을 성찰하고 자각하는 기회로 삼기도 했으며 신앙생활에서 얻어지는 긍정적인 사고와 태도는 우리의 정신건강을 향상시킬 뿐만 아니라 가족 화목과 건강한 대인관계를 유지하는 데 큰 역할을 함을 깨닫게 됨에 고마워 한다.

아홉 시간 반이나 기차에 몸을 담고 호젓함 속에서 책을 읽으며 일상의 군더더기 없이 자유로움과 평화로움 속에서 짚어본 지난 일들은 되돌아갈 수 없는 저편의 세계이기에 소중한 것이리라.

메시아 싱얼롱

크리스마스이브 전날이다. 큰딸네와 작은딸네가 금년엔 예외로 엄마 집으로 왔다. 해마다 성탄절과 새해를 큰딸네에서 온 가족이 모여 보내곤 했는데, 얼마 전 외출했다가 한밤중에 그만 둔덕에 걸려 균형을 잃고 넘어지는 바람에 어이없는 부상을 당했다. 다른 곳은 견딜만한데 무릎을 시멘트 바닥에 심하게 부딪혀 고통스러운 나날을 보냈다. 조용했던 집안은 갑자기 왁자지껄 8명의 손자 손녀들의 놀이터로 변했고, 성탄 트리 옆에 쌓아둔 선물에 눈독 들인 아이들, 몫대로 선물을 나눠주자 급히 포장지를 찢고 내용물을 꺼내보며 법석이다.

둘이 살기에 알맞은 집안에 발 디딜 틈 없이 장난감을 굴리며, 드레스를 입어보고 카메라 선물 받은 손녀들은 사진 찍느라 분주하다. 온 가족이 둘러앉아 정담 속에 한나절을 보내고 모두들 제집으로 돌아가니 텅 빈 집안은 적막강산이 따로 없다. 마침 저녁 8시에 케네디센터에서 메시아 싱얼롱이 있는 날이다. 무릎 때문에 층층대를 오르기가 힘든 상태인데 어쩌나. 벌써부터 벼르던 메시아 싱얼롱을 그냥 지나치기가 아까워 서둘러 달려갔다. 6시부터 티켓을 준다는데 들어가는 길목에 바리케이드가 쳐져 있어 그만 길을 잃고 이리저리 길을 찾아 파킹장에 차를 세우니 시간이 30분이나 늦었다.

남편은 차에서 내리자마자 나를 부축해준다는 약속을 까맣게 잊고 혼자서 저만치 성급한 걸음으로 층계를 서둘러 오르고 있다. 나는 천천히 남편이 오른 층계를 조심해서 올라가 실내로 들어가니 구름떼같이 몰려온 음악 애호가들이 구불구불 겹겹이 줄 서 있는 틈 속에서 남편이 웃고 있다. 표를 얻고 안내원 따라간 우리 좌석은 2층 로열박스 45번의 1, 2다. 무대가 가깝고 청중들의 모습을 한 눈으로 볼 수 있는 행운의 자리다. 잠시 후 300여 명의 합창단과 오케스트라가 자리하고 4명의 독창자가 등장, 지휘자의 익살스러운 멘토로 시작해 지휘봉에 맞춰 서곡이 잔잔하게 울려 퍼진다.

제1부 예언과 탄생, 밝은 목소리 테너의 '모든 골짜기 높아지리라'에 이어 합창순서가 왔다. 빈자리 없이 콘서트홀을 꽉 메운 청중들이 헨델의 메시아 악보를 펴들고 합창단과 함께 오케스트라에 호흡을 맞춰 부르는 '주의 영광'. 난 소프라노, 남편은 베이스, 우연히도 옆자리의 젊은 백인 부부는 테너, 알토라니 화음이 잘 맞아 사중창이 여기에 있다고 소리치고 싶기도 했다. 2부 수난과 속죄에 이어 3부 부활과 영생으로 이어가며 '할렐루야' 찬양이 콘서트홀을 진동시켰다. 마지막 합창 '죽임당하신 어린양; 아멘'에 이어 또다시 '할렐루야'로 끝마침 하는 헨델의 메시아 싱얼롱에 함께한 2008년 성탄절은 정말로 뜻깊은 행복에 젖은 시간이었다. 불편했던 무릎도 얼얼하도록 친 박수 덕을 톡톡히 보았나 보다. 돌아오는 발걸음이 가벼웠고 내년에는 딸들과 함께했으면 하는 바람을 가지며 밤늦은 시간 내 집을 향해 파킹장을 벗어나고 있었다.

욕심이 아닌 준비된 성취

청명한 하늘엔 뭉게구름이 두둥실 춤추고, 산과 들녘 푸른 잎새들은 어느새 가을빛으로 곱게 물들어간다. 무덥던 긴 여름밤을 밀어내고 상큼하게 다가온 가을날이 좋아 미루기만 했던 음악 속으로 빠져본다. 신이 내린 목소리, 세계적인 성악가 조수미의 노래를 듣노라면 그에 대한 세인들의 찬사가 단순한 미사여구가 아님을 가슴 절절히 느낄 수 있고, 신이 선사한 것이 아니고서야 이처럼 사람의 영혼을 울리는 음색이 나올 수 있을까 싶어지기도 한다.

'그리운 금강산', '요한 슈트라우스의 봄의 소리 왈츠', '슈베르트의 아베마리아', '어메이징 그레이스', '헨델의 내 주는 살아계시네' 이런 주옥같은 멋진 곡들은 언제나 내 마음의 평화와 기쁨을 안겨준다. 굳이 클래식 음악에 대해 잘 알지는 못한다 하더라도 "금세기 최고의 리릭 콜로라투라 소프라노 조수미와 함께 무대에 오르는 것은 그 무엇보다도 기쁜 일이다."라고 말한 명 지휘자 주빈 메타의 말이나, "조수미의 목소리는 신이 주신 최고의 선물이다. 이는 조수미 자신에게는 물론 인류의 소중한 자산이다"라고 격찬한 카라얀의 이야기에 고개를 끄떡

이게 된다.

그녀가 아주 어릴 때부터 자신의 목소리에 대해 '하늘이 주신 것'이라는 자각을 했다는 이야기는 유명하다. 자신의 자서전을 통해 "그러니 내 목소리는 내 것이 아니라 신의 것이다. 나는 신이 주신 목소리가 잠시 머물다 가는 작은 간이역 같은 게 아닐까."라고 고백한 바 있다.

작은 실수 하나에 마음을 졸이고, 웅장한 무대의 화려한 공연 뒤의 낯선 호텔 방에서 외로움에 숨죽여 우는 조수미, 어쩌면 난 그의 순수함에 또 한 번 놀란다. 조수미는 다시 태어나도 음악을 하겠다고 하는 그를 가까이에서 접한 음악계 관계자들은 흔히 조수미를 일컬어 '정이 많고 소탈한 전형적인 한국 사람이라' 표현한다. 이것 역시 성취 이미지 유형의 큰 특징 중의 하나이다. 이들은 지속적인 성취를 위하여 낙천적이며 사람들에게 우호적이고 힘을 나누어 주는 역할을 한다.

숨을 쉬는 것만큼이나 자연스러운 노래 앞에서 그토록 많은 연주회를 갖고도 연애하듯 늘 새롭고, 늘 떨린다는 그는 연주회에서 진짜 연주는 앙코르곡을 부를 때부터라고 한다. "관객의 반응이란 게 장소에 따라서, 사람에 따라서 다 달라요. 내가 하고 싶은 노래가 아니라 팬들이 듣고 싶어 하는 곡을 불러야 한다는 거지요."라고 말한다.

앙코르곡을 그저 관객을 위한 선심 정도로 치부하는 것이 아니라 오히려 그때부터가 진짜 연주라고 생각하는 마음, 사랑하는 관객을 위해 최선을 다해 애정을 쏟아 부으려는 전문가로서의 따뜻함, 자신의 선택에 대해 일관성 있게 이루어내는 성취, 그것이 바로 성취의 리더 조수미가 아닌가. 자신을 인정하고 사랑하고 스스로 자존감을 갖는 것은 우리의 인생에서 매우 중요하다. 그러나 그의 당당함과 도도함은 무모한 자만이나 욕심이 아닌 준비된 성취에서 자연스럽게 우러나온 것이어서 감동을 준다. 누구에게나 크든 작든 재능이 있다. 그러나 그 재능을 얼마나 기량껏 발휘하느냐 하는 것 못지않게 중요한 것은 부족하지 않게 뿐만 아니라 넘치지 않게 자신을 엄격히 다스리는 것일 것이다.

웃는 얼굴

겨울 동안 움츠리고 있던 삼라만상이 고개를 들고 기지개를 켜는 3월, 봄은 아주 가까이에 와 있음이 분명하다. 계절의 선율을 타고 겨우내 외로웠던 앙상한 나뭇가지마다 물이 올라 생기가 돌고 조그마한 망울들을 매달았는가 하면 축 늘어진 수양버들 가지도 연녹색으로 물들며 산뜻한 봄의 향연을 펼칠 준비가 한창이다. 또한 칙칙한 겨울을 벗어나는 마음속엔 미소가 절로 나는 계절이다.

웃는 얼굴은 여유를 느끼게 하고 부드럽다. 그 부드러움은 자신감의 표현이요 신뢰로 이어지고 또한 미소는 감정 이입의 효과가 있어서 상대의 감정도 긍정적으로 만들고 입 모양을 구부리는 것에 불과하지만 수많은 것을 바로 펴주는 힘이 있다지 않는가. 얼마 전에 읽은 삼국지에 나오는 인물들의 표정을 분석해 보면 리더십이 뛰어난 인물일수록 호쾌하고 따뜻한 웃음을 짓는 것을 볼 수 있다.

유비는 무리를 이끈 지 20년이 지나도록 이렇다 할 땅덩어리가 없었다. 그러나 기록에 의하면 그 얼굴에서는 잔잔한 웃음이 떠난 일이 없었다고 한다. 조조는 가장 큰 땅을 차지한 인물답게 위기에 처할수록 호방한 웃음으로 군사들을 안심시키고 어떤 위기에서도 약점을 잡히지 않았다. 유비의 웃음이 인격에서 배어 나오는 것이라면 조조의 웃음은 연기에서 나오는 것이라고 할 수 있다. 이런 차이는 있지만 중요한 것은 두 지도자 모두 웃음의 위력을 본능적으로 알고 활용했다는 점이다.

뛰어난 웅변술로 유명한 나폴레옹은 혼자 있을 때면 거울 앞에서 당시 유명 배우들의 표정과 말을 연구했다고 한다. 말과 표정에 감정을 싣는 법을 연습한 것이다. 미국의 클린턴 전 대통령의 미소 띤 얼굴도 유명하다. 그는 기자회견을 할 때면 항상 자신의 웃는 얼굴 특히 입술 부분을 클로즈업 해줄 것을 기자들에게 미리 요구했다고 한다. 미소를 통해 여성 유권자들에게 자신의 섹시한 이미지를 전달하고자 했던 것이다. 한국의 리더들이 대부분 표정 변화가 너무 없거나 딱딱한 것과는 대조적이다. 표정이 밝거나 변화가 많으면 오히려 가볍게 여기는 편견마저 있는 것이 사실이기도 하다.

'미소는 최고의 화장술'이라고 한다. 미국의 피아니스트이자 코미디언인 빅터 보즈는 미소를 '두 사람이 가장 가까워지는 지름길'이라 표현한 바 있다. 또한 몽테뉴는 "지혜로움을 나타내는 가장 분명한 표현은 명랑한 얼굴이다"라고 말했다. 사람은 자신 있고 여유가 있을 때 웃을 수 있지만 공격 당할까봐 방어적이 되거나 소심해지면 표정도 굳는다. 꾹 다문 입과 굳은 얼굴로는 자신의 의욕과 능력을 전달할 수 없다. 의욕과 능력을 전달하기 위해서는 표정부터 바꾸어야 한다. 여유롭게 얼굴 표정을 바꿀 수 있는 사람은 상대방의 사고와 감정도 리드할 수 있다지 않는가. 세계적 지휘자인 정명훈은 한 음을 30분 동안 반복 훈련시킬 만큼 연습에 철저하다. 그런 그가 실제 연주에서 지휘대에 올라 가장 먼저 보낸 신호는 지휘봉이 아닌 단원들을 향한 그의 미소였다. 연주의 호흡에 앞서 초긴장 상태일 단원들에 대한 그의 애정을 전함으로써 연주를 성공적으로 이끈다.

항상 웃고 다니면 실없어 보이거나 가벼워 보일까봐 웃지 못하는 사람이 많다. 그러나 이제는 '부드러움이 자신감'으로 해석되는 시대요 항상 웃음을 잃지 않는 사람의 곁에는 늘 사람들이 많이 모인다. 낯선 사람을 대할 때 미소 짓기 어렵다면 상대의 장점을 찾아보자. 좀 더 따뜻하고 호의적인 표정으로 대할 수 있을 것이다. 로버트 L. 슈크는 자신의 저서 『매력적인 이미지』에서 '좋은 이미지는 성공 뒤에 오는 것이 아니라, 오히려 성공보다 앞서는 것'이라고 했다. 식이요법이나 생활 패턴의 변화로 건강을 관리하듯 이미지 관리도 발상의 전환에서 시작된다는 것을 잊지 말아야겠다.

비 오는 날의 운전

밖에는 가을비가 소리 없이 내리고 있다. 나뭇가지마다 매달린 물방울은 마치 예쁜 수정 구슬을 줄줄이 꿰놓은 듯 아름답고, 비에 젖어 번득거리는 아스팔트길엔 질펀하게 오색낙엽이 후줄그레한 모습으로 측은하게 깔려있다. 외출하기 위해 차에 시동을 걸고 출발하려는데 조용하던 빗소리가 후드득 차체를 마구 두드리며 요란하게 내리고 있다.

앞 유리창의 와이퍼가 세차게 좌우로 움직이며 빗줄기를 닦아대지만 뿌옇게 끼는 습기를 제거하느라 에어컨도 켜놓고 천천히 달려간다. 일주일 전 함께 산행을 즐겼던 삼총사라 불리는 세 친구들이 한 번도 빠진 적인 없는 모임에 불참이라니 놀랍게도 교통사고가 났다는 소식이다.

세찬 빗줄기에 마주 오는 차와 충돌하여 운전자와 운전자 옆좌석 분은 안전벨트와 에어백 방어로 무사했는데 뒤에 앉았던 분이 안전벨트를 매지 않은 상태에서 심하게 다쳤다니 어쩌면 좋은가. 열두 발을 꿰매는 머리 상처와 목뼈 일곱 개의 부상으로 수술 후 깁스하고 병원에 입원해 있다는 기막힌 교통사고. 빠른 회복을 기대하며 한 치 앞을 내

다볼 수 없는 우리 삶의 여정을 깊이 생각게 한다.

몇 년 전 퇴근길에 하이웨이가 꽉 막혀 조금 가다 쉬고 연속 가다 쉬고를 반복하다 잠깐 한눈을 팔았나(?) 앞차를 심하게 박치기를 해 얼마나 황당했던지 잠시 잠깐의 실수로 차 앞부분이 몽땅 깨지고 경찰이 오고 티켓을 받고 토잉차에 실려가는 내 차를 보고 발을 구르던 그날은 상대방도 나도 다행히도 몸의 이상은 없었다.

오랜 세월이 지난 30여 년 전 하나님의 은총이 아니었으면 오늘날 내가 살아있다는 것이 기적 같은 대형 교통사고를 겪은 일을 잊지 못한다. 알코올에 취한 십 대 운전자가 내 옆 차선에서 나란히 달리다 별안간 유(U)턴을 하며 내 차를 들이받는 엄청난 교통사고였다.

남편은 1살, 5살의 어린 딸들과 집에 있다 아내의 사고 소식을 듣고 달려와 요란한 경적을 울리며 달려온 911앰뷸런스 구급대원들의 신속한 보호 속에 의식 잃고 실려가는 내 모습을 지켜보며 너무 놀라서 심장이 멎어 버릴 것 같았다던 남편. X-RAY와 MRI를 찍고 밤새 병원 신세를 지고, 어쩌면 그 엄청난 사고에서도 큰 다침없이 무사하게 퇴원한 날 우리 가족은 감사기도 드리며 얼마나 울었던지.

교통사고란 예고 없이 내가 잘해도 또 상대편의 실수로 순간적이기에 언제나 긴장을 늦추어선 안 된다. 운전할 때는 정신을 바짝 차리고 한눈팔지 말고 앞을 똑바로 보면서 특히 나이가 들어가면 시야가 좁아져 더욱 신경을 써야 한다. 특히나 비 오는 날이면 아스팔트길에 기포가 생겨 미끄러질 확률이 많으며 빗줄기가 시야를 방해하므로 각별한 주의가 필요함을 절실히 느낀다. 조급하게 시간 맞추는 운전은 금물이다. 시간 여유를 갖고 느긋하게 천천히 speed limit을 지키며 '아차'

하는 순간에 일어날 수 있는 사고의 불행을 막기 위해서 되도록이면 밤 운전은 더욱 조심해야 할 것이다.

이제 겨울을 앞두고 눈이라도 내리는 날이면 더욱 운전에 조심 또 조심 긴장을 늦추지 말아야 한다. 우리 모두 앞좌석은 물론 뒷좌석에서도 반드시 안전벨트를 하고 날마다 모범 운전자로 나아가야 할 것이다.

환한 웃음으로 새해를

어느새 2011년도 끝자락이다. 한 해가 저물어가는 마지막 달력 앞에 서면 누구나 지난날을 돌아보게 된다. 지난 일 년간 주위에서 만나고 부딪치며 나와 맺어졌던 인연의 고리들이 주마등처럼 피어난다.

다시는 오지 않을 2011년을 보내며 지금의 나를 있게 한 성스러운 존재와 옆에 있는 지기들에게 고마운 마음을 전한다. 완벽함을 추구하며 빈틈없는 삶보다는 조금 부족하여도 넉넉함으로 삶의 향기를 갖게 함에 감사하지 않을 수 없다.

길을 가다 발길에 차인 돌도 인연이라 했거늘 늘 살면서 만나고 헤어지는 수많은 것들이 모두가 나와의 인연들이다. 수많은 인연 속에서 만나서 행복한 만남이 있지만 때로는 만나지 말아야 할 악연을 만난 경우도 많은 것이 세상살이라면 이것을 헤쳐가며 사는 지혜를 누가 잘 익히느냐에 따라 삶의 질도 달라질 것이다.

세 치에 녹아나는 우둔한 사람으로 보이는 것은 어리석음이요, 세계적으로 어려운 경제 속에 모두가 힘들어하지만 인생의 큰 흐름이 소망과 감사로 이루어져 있기에 얼마간의 슬픔이나 우울 따위는 그 흐름 속에 쉽게 녹아 없어질 수 있음을 알게 된다.

긍정적 사고와 자신감이 바탕이 된 밝은 미소는 인생을 행복하게 만들어줄 것이며 천국과 지옥은 천상이나 지하에 있는 것이 아니요 바로 우리 삶 속에 있는 것이다. 소심하게 굴기에는 인생은 너무나 짧다. 생각에 따라 천국과 지옥이 생기는 법이다. 상대방에게 한 번 속았을 때 그 사람을 탓하라. 그러나 그 사람에게 두 번 속았거든 자신을 탓하라는 말의 깊은 의미는 삶의 지침이기도 하다.

스텐포드 의대 윌리암 프라이 박사의 조사결과에 따르면 6세 정도의 유치원생들은 하루 평균 300번 정도 웃는단다. 그러나 성인이 되면 그 20분의 1인 15번 정도로 줄어든다고 한다. 웃음은 몸과 마음에 도움이 되는 것 사람과 사람을 이어주는 접착제 같은 것이 아닐까.

사람들은 왜 잘 웃는 사람들을 좋아할까. 그런 사람과 함께 있으면 덩달아 기분이 좋아지기 때문이며 그래서 웃음은 전염병과 같은 것, 미소를 보내면 역시 미소를 보내오지 않은가. 침울한 표정을 쳐다보기만 해도 기분이 처진다. 하지만 환하게 웃는 표정은 보고만 있어도 기분이 고조된다. 만나는 것만으로도 즐거운 사람 그리고 교만하지 않으면서도 자신감이 넘치고 당당한 사람들을 만나면 덩달아 기분이 좋아 미소가 절로 지어진다. 새해에는 아이들같이 많이 웃으며 살자. 모든 면을 긍정적으로 바라보는 시선 속에 애정과 너그러움이 채워져 날마다 새로워져야 할 것이다. 언제나 부드러움 속에서 웃는 얼굴로 서로의 프라이버시를 인정하고 경계를 지키는 것은 건강한 관계의 필수요소라 생각된다.

어떤 책에서 읽은 구절이 생각난다. 이 세상에서 가장 큰 기쁨은 날마다 새롭다는 것이다. 해는 어제와 같이 떠오르지만 햇빛은 어제의 햇빛이 아니고 꽃은 한 나무에서 피지만 날마다 다른 모습으로 피어난다. 웃음은 전염병과 같은 것, 환한 웃음 지으며 건강하고 복된 2012년 임진년 새해를 맞이하고 싶다.

두 딸과 함께 한 가족사진

인연

만남은 우연히 시작된다. 그러나 인연은 그저 만났다거나 시간이 흐른다고 생기지는 않는다. 많고 많은 사람들 중에서 철저한 타인으로 살아오다가 어느 날 인사를 나누고 서로를 알아가고 돕고 격려하는 사이가 되어 간다는 것. 인연을 맺게 되는 것은 무엇보다도 소중한 재산이고 보물이다.

영화 『인생은 아름다워』의 주인공 귀도 생각이 난다. 나치에 의해 수용소로 끌려가 무기재를 힘겹게 나르던 그는 예전 호텔 웨이터 시절에 손님으로 만났던 군의관과 재회한다. 재치 있고 친절하던 귀도를 기억하는 군의관과의 인연으로 그는 수용소의 간부 식당에서 웨이터로 근무하게 되고, 덕분에 사랑하는 아들에게 간식거리라도 챙겨주게 된다. 너무나 뜻밖의 장소에서 예전의 사람들을 만나게 될 때마다 나는 다시금 인연이라는 단어에 대해 생각하게 된다.

사람들 사이에는 여러 가지로 관계가 시작된다. 선택의 여지가 없는 혈연관계부터, 옆자리든 다른 회사든 경쟁 사이인 우열 관계, 상사나 부부처럼 서로의 역할이 있는 의무 관계, 그런가 하면 아무 자극도 영향도 받지 않으며 바람도 원망도 없이 무심하게 소 닭 보는 듯한 무관심 관계가 있다. 그리고 최악의 관계는 소리 지르고 싸우며 만나게 되거나, 그 사람의 불행이 나의 행복이 되는 원수 같은 소멸 관계이다.

관계의 시작은 이렇게 다양하고 그 깊이나 길이도 매우 다르지만 우리가 해야 할 중요한 것은 나로 인하여 서로를 얼마만큼 성장 관계로 만드느냐 하는 것이다. 서로의 자존심을 지켜주고 힘이 되어 성장을 도와주는 관계 말이다. 여행 전문가 한비야는 배낭을 가볍게 싸기로 유명하다고 한다. 넣을까 말까 망설이는 것은 무조건 빼고, 뭐든 한 개씩만 넣는데 그러면 그 하나를 아주 귀하게 여기게 된다고 한다.

배낭만이 아니라 인간관계에서도 "관계 정리"가 필요하다. 인연 중에는 분명 악연도 있다. 가급적 악연이 없게 선택하고 노력해야 하지만, 자꾸 내 기운을 빼고 성장관계가 어려운 대상이라면 신중하되 미련하게 미련 갖지 말고 이제는 빼고 가야 한다. 메기에 벅찬 배낭을 짊어지고 가면 여행이 아닌 고행이 될 수 있듯이 인간관계도 마찬가지일 것이다.

난 요즈음 '무소유와 인연'에 대해 많은 생각을 하곤 한다. 버려야 할 것은 과감하게 버리고 정을 줘야 할 것은 아낌없이 정을 주며 살아야 한다는 생각이다. 얼마 전에 읽었던 최인호의 『인연』 이란 책에선 우리 모두는 밤하늘에 떠 있는 별이라고 하고, 내가 지구 반대편에서 눈물을 흘리고 있는 또 다른 지구 반대편에서 누군가가 나를 위해 울고 있다고 작가는 말한다. 또한 정원에 피어있는 한 송이 꽃이 나를 바라볼 때 나는 이미 그 꽃과 인연을 맺고 여행길에서 만난 소소한 사물들이 나도 모르는 사이 나와 인연을 맺고 있었다는 것을 일깨우는 이야기로 꽉 채워져 있다. 또 다른 인연이란 책엔 스쳐 지나가는 숱한 인연, 얕은 인연이 있고 깊은 인연이 있어서 그 인연들로 인하여 알게 모르게 마음이 성숙하고 그 고운 만남을 통하여 눈이 밝아지고 마음이 깊어지며 아름답게 이어짐은 얼마나 행복한 일인가 적고 있다.

또한 인연이 아닌 줄 알았던 얇은 인연이 깊은 인연이 되어 행복을 알게 하고 사랑을 알게 하기도 한단다. 그래서 산다는 것은 그런 아름답고 고운 인연과 잇대이면서 살아가는 것이 아닐까. 오늘도 난 나에게 주어지는 고운 인연 앞에 순수한 꽃잎처럼 마음 열고 기도하는 심정으로 출발하고 싶다.

6·25의 아련한 추억 속에서

지금 담장에는 줄장미가 한창이다. 어제와는 달리 오늘 낮의 꽃잎은 무더위에 지쳐 있다. 줄줄이 피워낸 줄장미가 빨갛게 꽃 덩어리를 이루고 아름다움과 꽃향기가 온 동네를 물들이고 있다. 흐르는 세월 속에 다 잊고 살다가도 6월이 되면 아련한 6·25 전쟁의 추억 속으로 깊이 빠져든다. 전쟁이란 비참한 인류의 적이다. 어른이 되어 생각해 본 6·25 전쟁은 얼마나 무서운 것이었는지 절실히 또다시 깨닫게 된다.

초등학교 2학년 무렵 등교하자마자 사이렌이 요란하게 울렸다. 담임 선생님이 급한 목소리로 집으로 빨리들 돌아가라고 했다. 우르르 교실 밖으로 나온 아이들은 운동장에 낯선 군복을 입은 사람들이 총대를 들고 왔다갔다하고 누가 흘렸는지 피가 낭자함을 보고 놀라 걸음아 날 살려라 숨을 헐떡거리며 단숨에 집으로 뛰어들었다.

얼마 후 아버지가 인민군에 잡혀 끌려가다가 가까스로 도망쳤으나 다시 붙잡혀 총살 직전에 극적으로 살아오셨다. 이북이 고향인 아버지는 형제애가 두터우셔 전쟁 중에 죽어도 같이 죽고 살아도 같이 살아야 한다며 이웃도 모르게 한밤중에 식구들을 데리고 후암동 작은집으로 옮겨가 삼 형제 대가족이 함께 살았다.

아버지와 작은아버지는 적산 가옥의 다다미를 들추고 반지하에 들어가 숨어 지내시고 수시로 빨갱이들이 무단으로 집으로 쳐들어와 온통 방안을 뒤지고 총을 겨누며 위협하던 그 무시무시한 상황 속에 숨도 제대로 쉬지 못하고 벌벌 떨기 일쑤였다. 엄마와 작은엄마는 남대문 시장으로 장사를 나가 값나가는 물건으로 쌀, 감자 등을 맞바꾸어 식량을 구해오곤 하셨다.

오빠와 나, 동생, 사촌 동생은 하루 종일 방안에서 술래잡기, 소꿉장난을 하기도 하고 그래도 내가 큰언니라고 8살인 나이에 동생에게 밥을 챙겨 먹이고 오빠와 밀을 맷돌에 갈아 밀가루를 만드는 일도 잘했다. 오빠가 소리친다. 밖을 내다보라고 비행기가 지나가면서 어른 팔뚝만한 검은 물체를 뚝뚝 떨어뜨리고 간다. 잠시 후 펑 소리와 함께 검은 연기와 불길이 솟아오르는데도 그렇게 무섭지가 않았다.

어느 날 모처럼 하얀 쌀밥과 고깃국으로 온 가족이 아침 식사를 하는데 갑자기 쿵 소리를 내면서 온통 먼지가 쏟아지며 문짝이 넘어가고 아수라장이 됐다.

가까운 곳에 방공호가 있었는데 들락날락하는 사람을 보고 폭탄을 내려친 것이다. 집 근처에는 다리에 폭격을 맞아 너덜너덜 피를 흘리며 어디론가 울부짖으며 업혀가는 이웃 아저씨, 도망가다 총에 맞아 죽어가며 같은 동포끼린데 물 한 모금 달라고 애원하다 죽은 인민군 장교, 그리고 폭격에 죽은 많은 시신이 가마니에 쌓여 있는 것을 무수히 보았다. 얼마 후 우린 한강 다리가 끊긴 후에 영등포역까지 걸어가 마지막으로 떠나는 짐을 가득 실은 기차 위에 올라탔다. 1·4후퇴 때 겨울이라 얼마나 추웠는지 피난길이 더욱 힘들었다. 뚜껑 없는 짐 열차 위에 콩나물시루처럼 실려 차가운 칼바람을 견디며 많은 날들을 보내며 험난한 여정 끝에 부산으로 내려갔다.

그 피난열차에 탔던 많은 갓난아기는 대부분 좁은 공간에서 밟혀 죽고 밟혀 죽은 아기를 끈을 매어 기차 밑으로 내려놓고 떠나는 아기엄마의 매정함이며 센바람에 날아가 죽고 터널을 지나다 목이 걸려 죽은 사람도 많았다. 이런 아수라장 속에서도 기차가 예고 없이 설 때면 배고픔을 덜기 위해 부지런히 어른들은 기차 밑으로 내려가 떡이며 김밥을 사서 아이들에게 먹였다.

부산역에 내린 우린 시장 근처에서 허기를 채우고, 완전 노숙자로서 갈 곳이 없어 서성거리는 우릴 초량동 성당의 고마운 교회분이 오셔서 성당부지 공터로 안내해 주었다. 살얼음이 언 추운 날, 잠은 안 오고 초롱초롱 반짝이는 별을 세면서 촉촉이 내린 이슬에 젖은 이불을 덮고 별 하나 나 하나를 셌던 날들. 짠 고등어를 먹어 목이 말라 밤새도록 얼음을 깨서 먹던 어린 피난시절을 잊지 못한다.

교회 주선으로 피난민에게 주어진 공터에 판잣집을 짓고 그래도 3년의 세월을 피난민학교를 다니면서 '서울내기 다마내기'라는 부산 아이들의 놀림 속에서 생활했던 초등학교 어린 시절. 나에게 많은 추억과 부할 때와 빈곤할 때에 맞추어 살아가는 방법을 배운 그리 슬프지 않은 시간들이었다.

세월이 많이 흐른 후이지만 전쟁의 기억을 떠올려 보면 우리 부모님 세대, 어른들은 너무 슬프고 힘들어했는데도 아이들은 그렇게 슬프지 않고 재미있게 뛰놀았던 옛날의 기억이 생생하다. 아마도 현실을 초월한 동심의 세계에서만 가능한 것이리라. 유월의 푸르름과 함께 6·25 전쟁의 아련한 추억 속을 더듬으며 더해가는 푸르름처럼 우리의 삶도 나날이 푸르름으로 건강함 속에서 더 보람된 삶이기를 바래본다.

세월의 흐름 속에

푸석푸석한 땅을 비집고 솟아오르는 생명들의 몸짓을 보면서 봄이 오는 소리를 듣는다. 그것은 산골 계곡에 얼어붙었던 얼음이 녹아 흐르는 계곡 물소리일 수도 있고, 아지랑이 차고 오르는 노고지리(sky-lark) 소리일 수도 있다. 겨우내 시꺼멓게 굳어있던 고목에도 잎이 솟아오른 세월의 변화 속에 점점 늘어나는 흰 머리카락을 쓸어올릴 때면 늙고 있다는 것을 실감하게 된다.

늙는다는 것은 육체가 세월 따라 노쇠해 간다는 것임을 모르는 것은 아니지만, 마음만은 청춘이고 싶은데 흰 머리카락을 만질 때면 육체의 노쇠만을 의미하지 않고 삶 전체가 노쇠의 길로 들어섰다는 의미로 느껴져서 가끔 마음이 언짢을 때가 있다.

하고 싶어도 할 수 없는 일이 많아지고, 보고 싶어도 볼 수 없는 사람이 (사망으로) 많아지는 세월의 흐름 속에 언짢아지는 것은 다름 아니라 늙음에 적응해 내지 못하고 아직도 젊다는 나의 마음 밭에서 세월의 흐름을 반역하려는 의지가 강하게 남아 있기 때문이리라.

때때로 나의 딸들이 엄마가 나이가 많이 들어 자기들 세계에 대해 이해가 잘 되지 않는 벽창호(?)가 되어간다고 생각하는 것 같아 속상할 때가 있지만, 난 생각이 고루하고 낡아서 딸들이 펴내는 마음의 꽃을 볼 수 없을 정도로 낡아 있다고 생각하지 않는 것이다. 나와 그들이 이러한 보이지 않는 장벽들은 몸은 늙어도 감정은 늙지 않는 것 때문에 가끔 회의해 볼 때가 있다. 그리고 이러한 회의에 빠지다 보면 갑자기 스스로가 외로워지고 쓸쓸한 마음이 되어 살아가는 일에 신명이 빠질 때가 있다.

또한 남편 역시 인생이 허망하고 삶이 지겹게 느껴진다는 듯한 표정을 지을 때면 남편도 나와 같은 회의의 쓸쓸함을 느끼지 않나 하는 측은함을 가지게 된다. 결국 세월도 기쁨도 슬픔도 구름처럼 지나가는 인생의 무상함을 알아감이 자연스러운 것이 아닌가 위로해 보면서도 말이다.

교황 바오로 2세가 임종할 즈음 마지막으로 한 말은 "나는 행복합니다. 여러분들도 행복하십시오."라고 했다고 한다. 인생의 마지막 순간에도 슬픔과 고독 그리고 후회가 가슴에 응어리지지 않고 행복했다고 고백하는 것은 한순간에 일어난 감정이 아닐 것이다. 그렇게 살아왔고 또 그렇게 살기를 바라는 신앙인의 긍정적인 태도의 결과일 것이라고 평한 글을 읽으며, 걸어온 나의 인생행로를 가만히 뒤돌아보면서 나는 과연 행복한 사람이라고 말할 수 있을까 생각해본다.

세상에서 가장 큰 부자는 가진 것에 만족할 줄 아는 사람이라고 하며 과거의 노예가 되는 사람은 불행을 만들고 현재에 만족하는 사람은 어리석게 살지만, 먼 미래를 생각하는 사람은 지혜와 행복을 얻도록 되어 있다고 하지 않는가. 서양 격언에 '제일 가르치기 어려운 수학문제는 우리가 받은 축복을 세어보는 것'이라는 말이 있다. 세월의 흐름 속엔 한국에서 30년의 세월이 있었고, 미국에서 40년의 이민자로 살면서 초창기엔 너무나도 외로워서 울었고 또 힘들고 고달파서도 많이 울었다. 그러나 어떤 상황에서도 최선을 다하는 삶 속에 오늘이 있기까지 건강과 축복으로 가득 채워주신 하나님의 큰 은혜에 감사하지 않을 수 없다.

인간은 세상과 더불어 늙는 것이 아니라 이상(理想)을 잃을 때 늙는다고 한다. 이제는 세월이 좋아져서 100세 장수시대로 가고 있다. 규칙적인 생활패턴 속에서 절대로 이상(理想)을 잃지 않는 굳건한 믿음 지켜가며 행복함 속에서 더 이상 늙지 않는 날들을 기대한다.

제5부

추억의 길을 따라

시공을 초월한 날들 속에

울긋불긋 단풍 곱게 물드는 계절 10월 어느 날이다. 난 버지니아를 벗어나 야자수가 하늘거리는 LA에서 열리는 국제 동문회에 참석했다. 모든 동문회 일정을 마치고 3대의 대형버스에 오른 동문들과 함께 50년 전 꿈 많고 발랄했던 여고 시절 추억을 꺼내보며 뒤풀이 여행길에 올랐다.

캘리포니아 풍치지구인 모하비 사막을 지나 서부 교통의 요지 바스토우를 거쳐 네바다 콜로라도 강변 휴양도시 라플린에 도착했다. 종일 달려온 피곤한 몸들을 푸느라 저마다 정해진 호텔 방으로 속속 숨어 쉬기에 바빴다.

일정에 따라 서두른 새벽잠에서 깨어난 동문들은 어둠을 뚫고 달리는 버스에 앉자마자 깊은 잠에 빠지고 센스 있는 가이드는 조용한 음악으로 분위기를 깔아준다. 그랜드캐년 전진기지 윌리엄스에서 조식을 마치고 국립공원 사우스림 지역과 그랜드캐년의 웅장함을 볼 수 있는 메더포인트에서 내린 우린 색상이나 규모가 지상을 초월한 장엄함에 감탄사를 쏟아내며 저마다 디지털카메라에 배경을 넣어 멋진 포즈를 잡느라 법석이다.

하루 여행 일정이 끝나면 동기끼리 한 방으로 우르르 모여 밤을 새워가며 이야기꽃을 피우는 성의는 누가 시켜서 될 일인가. 오늘을 위해 6학년 7반, 8반 학생들은 늙기를 거부한 젊음을 발산시키느라 그간 체력유지에 온갖 정성을 쏟은 게 분명하다.

아름다운 인공 호수 '레익파웰'에 도착하고 유람선에 탑승, 유유히 흘러가는 뱃머리에 기대어 계곡 따라 펼쳐지는 붉은 바위 경관에 취해 불어오는 차디찬 새벽 공기를 막느라 머플러로 온통 얼굴을 감싸고 아름다운 경관을 놓칠세라 여전 셔터 누르는 소리가 요란했다. 살짝 말한다면 동문회에서 주최하는 사진 콘테스트가 있으니 저마다 실력 발휘의 기회일 테니까.

나바호 인디언들의 숭고한 성지로 또 서부영화의 심벌로서도 잘 알려진 모뉴먼트 밸리에 도착해 끝없이 뻗은 붉은 대평원 위를 현지 인디언 안내로 특상차에 탑승했다. 치솟은 거대한 암석 기둥과 절벽 언덕, 백인들과의 수많은 싸움에서 패한 아메리칸 인디언들의 불행한 역사가 기록된 역사의 현장을 달리는 지프차는 붉은 흙먼지를 펄펄 날리고 우린 먼지 방어용 마스크를 쓰고 변장하고야 답사가 가능했으며 해는 서산으로 기울고 있었다.

모뉴먼트 밸리에서

다음 날 안개 자욱한 새벽을 발길질하며 꼬불꼬불 위험천만한 언덕길을 한동안 오르니 공원 안에는 아직도 형성과정에 있는 것들과 무너져서 이미 석주만 남은 크고 작은 몇백 개의 아치들이 널려있다. 하늘을 찌를 듯한 높이의 석탑과 절벽들, 고층건물을 방불케 하는 거대한 돌 봉우리들, 말로 형용할 수 없는 가지가지의 세계적인 천연조각물 아치스 캐년 국립공원은 유타주 동부에 위치해 있다. 수백 개에 이르는 아치들과 첨탑들이 장구한 세월 동안 물과 공기로 한 시각도 쉬지 않고 변화를 계속하면서 장엄한 천연의 조각물들이 만들어진 것이리라. LA로 돌아오는 길에 세계 최대의 컨벤션도시 라스베이거스에 도착 후 우린 밤잠을 접고 시내 야경 관광에 나섰다. 도박의 도시답게 홍청거리는 거리엔 많은 관광객이 넘쳐나고 하늘로 치솟는 분수 쇼는 색색 조명의 빛을 발하는 아름다움에 환호성이 터진다.

4박 5일간 동문들과 함께한 황혼의 수학여행은 시공을 초월한 날들 속에 일생을 두고도 잊지 못할 행복한 추억의 장을 만들어갔으며 더 이상 늙지 않는 이대로의 모습으로 세월을 꽉 붙잡고 싶은 욕심도 가져 보았다. 찾아간 곳곳마다 하나님께서 지으신 대자연에 감탄하고 자연은 인간 앞에 진실하게 훈훈하고 정겹게 살아가라는 교훈을 주는 것 같다. 그래서 우리가 자연을 찾아가는 것보다 자연이 우리를 한없이 기다려 주는지도 모른다.

여행의 매력은 끝이 없다

하늘거리는 야자수와 LA 가을의 청명함이 상쾌한 지난해 10월 중순. 계획하고 벼르기만 했던 LA 시누이 가족들과 오랜만의 만남 속에 기쁨의 여행 샘물을 마음껏 마셔볼 수 있는 기회가 주어졌다. 아름다운 산타모니카, 산타바바라 해변을 따라 피모스비치 선창장에서부터 길게 펼쳐진 환상의 에메랄드, 녹색, 코발트빛이 뒤섞여 물감을 풀어놓은 듯함에 마구 감탄사를 쏟아낸다. 갑자기 떼 지어 몰려온 갈매기들은 날갯짓 바삐 우리 주위를 계속 맴돌며 '끼르륵 끼르륵' 합창으로 반겨준다.

계속 북쪽으로 핸들을 잡고 샌프란시스코로 달려가는 길목 Santa Lucia 중턱에 역사적인 명소로 꼽히는 허스트 캐슬(Hearst castle)이 자리 잡고 있다. 1900년 초기의 출판왕 윌리암 랜돌프 허스트의 저택으로 그가 사망한 뒤 유족들이 주정부에 기증하여 일반에게 공개되고 있다. 집안 구석구석을 장식한 호화로운 가구들은 말할 것도 없고 저택 안에 있는 고대 로마식 수영장 밑바닥에는 금박으로 치장한 초호화

판 화려한 대저택의 모습을 자랑하고 있다.

근처에는 '꽃의 천국'이라고 할 수 있는 롬폭에 이어 덴마크풍의 아름다운 마을이 조성되어있는 솔뱅이라는 도시가 있다. 아름다움과 멋진 풍차가 바람에 휘휘 돌아가는 낭만의 도시 솔뱅은 아주 깜찍하고 그지없는 아름다운 가게들이 즐비해 여자 친구든 아내든 솔뱅을 한 번 데리고 갔다 오면 누구나가 남자 대접이 달라진다는 우스갯말이 있듯 선물가게에 눈이 휘둥그레져 딸, 손주들에게 줄 선물을 고르느라 바쁜 시간을 쪼개기도 했으니까.

가볼 만한 곳이 지척으로 널려있는 캘리포니아의 해안지역에 살리나스, 카멜, 빅서 등지는 관광지로 손색이 없다. 사춘기 시절 읽었던 잔스타인백의 소설 『분노의 포도』가 영원한 우상 제임스 딘이 출연해 화제가 된 영화 『에덴의 동쪽』 배경이 바로 살리나스라는 도시가 아닌가. 살리나스의 지척 거리에 몬트레이라고 하는 유명한 휴양도시가 자리하고 있는데 이곳은 은퇴한 노년층의 요람으로 불릴 정도로 유복한 노인들이 많이 거주하고 있으며 이곳의 '세븐틴 마일 드라이브'는 그야말로 환상의 드라이브 코스로 해안의 아름다움에 경탄을 감출 수가 없었다.

꿈과 낭만의 도시 샌프란시스코의 아름다운 금문교 다리 위를 걸어보자는 욕심이 발동했으나 세차게 불어오는 바람에 그만 30여 분 만에 모두 걸음을 멈추고 다음 행선지 차이나타운으로 달려갔다. 전차가 오가는 빽빽한 건물 사이를 비집고 조카가 인터넷에서 찾아낸 최고의 맛

자랑 이탈리안식당에서 포식했다. 상점과 많은 관광객이 몰리는 명소 pier 39번에서 이어진 방파제 위엔 바다표범 새끼들의 재롱이 한창이었다.

50년 지기 친구 집을 찾아가 밤을 밝히며 깊은 우정 속에 꿈같은 하룻밤을 보내기도 했다. 남쪽 방향으로 4시간을 달려가 '세코이아 국립공원'에 도착. 공원입구에서 시니어 국립공원 평생 이용권을 10불에 구입하고, 울창한 숲을 이룬 꼬불꼬불한 길을 조심스레 올랐다. 이 공원 안에는 1천2백여 종의 나무와 식물이 있고 3백여 종의 동물과 새들이 서식한다고 하는데 이 공원의 진가는 세계 제일을 자랑하는 거대한 '세코이아 나무'들이다. 제일 큰 'General Sherman' 나무는 2200년의 고목으로 집 40채를 지을 수 있다는데 수많은 세월을 비, 바람, 자연 화재를 견뎌낸 붉은 나무들의 생명력에 놀랐다.

이 공원의 하이라이트는 모노 바윗돌(Moro Rock)을 오르는 것이다. 약 4분의 1마일을 올라가면 해발 6천7백25피트의 정상에 도달한다는데 아찔할 정도의 절벽 단면을 깎아 만든 층계경사가 너무 심하고 안개가 자욱이 끼어 있어 2/3까지 오르다가 위험을 느껴 정상에 오르는 것을 포기해야만 하는 아쉬움을 남기기도 했다.

덴마크의 동화작가 안데르센은 "여행은 정신을 다시 젊어지게 하는 샘이다"라고 했던가. 여행이란 자연 속에서 내 삶을 음미해보고 새로운 에너지를 얻어 돌아오는 것이다. 넓어진 시야 속에 여유로움과 긴 호흡으로 즐기는 여행길은 편안하고 따뜻한 가족들과 함께 한 여행의 매력은 끝이 없었다.

아름답게 더해가는 날

분주하게 봄을 알리는 구슬 구르듯 지저귀는 새들의 예쁜 합창소리가 들려오고 창문을 열면 코끝에 닿는 싱싱한 연초록의 훈훈함이 정겨운 아침이다. 얼마 전만 해도 뽀얗게 망울져 있던 수양버들도 물이 잔뜩 올라 온통 연둣빛으로 휘이 휘이 휘감고 병풍처럼 연못가를 감싸 안으며 가늘게 불어오는 봄바람에 맞추어 하늘거림이 한 폭의 그림 같다.

세월의 흐름이 얼마나 빠른지 마치 엊그제 같던, 111년 만에 내린 폭설로 함박눈이 온 천지를 소복이 덮은 지난 1월 31일. 오랫동안 벼르고 벼르던 친구들과 모처럼 계획된 크루즈 여행을 떠나는 날이었다.

우린 검푸른 거대한 바다 대서양의 파도를 가르며 위풍당당하게 떠나는 크루즈배에 몸을 실은 그 날, 관광승객 3,000여 명을 실은 배는 그 무섭다는 케리비안 sea의 악명 높은 하리케인 season을 피해 잡은 스케줄에 맞춰 활짝 개이고, 흐리고, 비 오고 하며 여러 날씨를 골고루

겪었다.

악천후가 아닌 빗방울이 흩날리고 기상특보에 오르지도 않은 날씨인데도 약 9만 톤에 이르는 거대한 선체가 기우뚱거릴 정도로 자연의 힘이 대단한 것도 직접 겪고 새삼 놀래기도 했다. 환상적인 바다의 빛깔때문에 눈을 뗄 수가 없었고 sunraise와 sunset 황홀함에 빠져들기도 했다. 수많은 여행자들 중에는 젊은 사람들도 있었지만 중년을 넘은 노년의 삶을 즐기는 분들이 대부분이었다.

영국의 유력 일간지 텔레그라프는 최근 인터넷판 뉴스에 "오히려 황혼기에 접어든 노년층이 행복감을 더 많이 느낀다"고 보도하면서 "이때의 나이는 사회적 책임감이나 경제력에 대한 부담감이 덜하고 이전 삶에서 맛보지 못했던 자기만족의 시간이 더 많아지는 시기이기 때문이요 중년은 결코 쇠퇴기도 아니며 그렇다고 노년이 몰락하는 시기가 아니며 오히려 기적적 변화에 대한 환상을 깨고 차분한 자기성찰을 하는 시기며 기쁨(喜)이 두 배가 되는 나이"라는 기사에 긍정적 호감을 갖는다.

지금껏 열심히 살아온 날들 속에서 때때로 쉼을 갖는 시간이 얼마나 필요한 것인지…….

7박 8일간 모든 일을 접고 오붓하게 즐기려는 계획들을 준비한 듯 어떤 분들은 가족끼리, 친구끼리, 부부동반 그룹 팀들이 함께 식사 때면 사랑의 대화를 나누면서 갑판에 나가 삼삼오오로 화기애애한 분위기가 넘쳐난 모습들이 보기 좋았다.

바다 위에 떠 있는 대형극장에선 매일 밤 멋진 쇼가 있어 즐기고 카지노게임에 온통 정신을 쏟는 사람들, 빙고게임과 가라오케 노래자랑에 빠져 즐기는 모두가 청춘이라 착각한 듯 행복에 젖은 모습들이었다. 여행은 사람을 여러 가지로 단련시키는 좋은 경험이 되기도 하고 높고 푸른 하늘과 따뜻한 햇살이 내리쬐는 곳 아름다운 이국의 자연은 사람들을 유쾌하게 만들어주며 행복하고 평온한 상태에서 당연히 흥겨운 노래 속에 굳건한 닻을 달고 인생의 길을 가야한다고 말하는 것 같다.

코발트 하늘빛이 바로 물빛으로 내려앉아 쏟아붓는 한낮의 햇빛 쨍쨍하던 맑은 날은 바다가 글자 그대로 청정수역이다. 바하마의 수도 낫쏘(Nassau)에 정박하고 시내 관광을 나서며 세계적인 이상기온을 실감했으며 탁 트인 바다 자연풍광이 아주 뛰어난 곳은 아니지만 야자수가 즐비하고 검은 피부의 사람들로 이국의 풍경을 절실히 보여주고 있었다.

Grand Bahama에 위치한 자유무역 도시인 Freeport 항구엔 높은 파도가 뱃길을 가로막아 정박을 포기하고 뱃머리를 돌린다는 안내방송이 나오자 혹시나 『타이타닉』 영화장면을 떠올리며 마음을 졸이기도 하고 이리저리 휘청대고 배가 심하게 흔들릴 때면 와락 겁이 나기도 했다.

푸른 물결 위에 크고 작은 은빛파도가 사납게 부딪칠 때면 하얀 거품을 몰고 서로 끌어안으며 사랑하듯 금세 파도를 잠재우는 것을 바라보면서 많은 것을 느껴보기도 했다.

우리도 짙푸른 넓은 바다처럼 많은 것을 포용하는 큰 가슴을 가진 자로 좋은 일에는 함께 기뻐하고 어렵고 힘들 땐 서로 돕는 푸른 삶으로, 비가 올 때 필요한 것은 우산이 아니라 함께 비를 맞아주는 겸허한 자부심으로 헌신하는 노년의 삶! 그래서 황혼의 나이를 아름답게 더해가는 날들을 기대하며 살아가야 할 것이리라.

2013년 1월
바하마 크루즈

산정호수에서의 추억

창밖에는 여름 나무들이 싱싱하게 초록의 잎을 펼치고 있다. 지금으로부터 40여 년이 훌쩍 지나간 아득한 추억을 펼쳐보는 아침이다. 난 서울을 다녀온 지 2년 반 만에 오빠의 병문안으로 급히 달려간 고국에서 어렵게 시간을 내어 동창들과의 만남이 이루어진 날. 서울지리에 낯설긴 했지만 전철을 타고 전광판에 나타나는 정거장에 신경을 써가며 목적지에 도착. 여고 동창생들과 만나는 순간 여고 시절 순진한 소녀의 꿈 많던 젊은 날의 꿈들이 이루어진 듯한 모습들을 피부로 느껴보니 즐겁다.

먼 거리 일동에서 이른 새벽 출발해 우리 일행을 데리러 온 친구 차에 올라 바쁜 출근 시간의 혼잡한 서울 길을 기술적으로 운전해가는 모습을 보면서 정말 서울 운전은 보통기술로는 엄두도 못 낼 곡예운전에 익숙해야만 가능하리라. 아마도 2시간 족히 운전해 일동의 어느 멋진 전통 한옥으로 차를 몰고 들어간다.

난 친구가 일동에 별장이 있다는 것은 알았지만 대단한 '재력가'구나 눈이 휘둥그레졌는데 별장이 아닌 일동의 유명한 갈비집이라나. 잠시 잠깐의 상상나래를 내려놓느라 우린 한바탕 웃음파도를 타고, 이글이글 벌겋게 달은 숯불 위에 갈비를 올려놓고 마늘을 듬뿍 얹은 채 익어가는 갈비 속에 우리 우정도 깊어갔다. 유명하다는 '이동갈비맛'에 정신없이 먹다보니 포화상태를 이기지 못해 쩔쩔매는 우리에게 이곳에 산정호수가 있다는 친구의 말에 귀가 번쩍 뜨인다.

산정호수 표지판이 보이는 순간 잃어버린 과거의 한 자락을 잡듯 40여 년이 흐른 오래전 추억들이 슬금슬금 고개를 든다. 그날은 남편 직장동료 가족 50여 명을 태운 대형버스와 뒤에는 잔뜩 먹거리와 여흥 준비 만반을 갖춘 또 한 대의 차량이 뒤따랐고 서울을 떠나 달리는 버스 안은 내내 신나는 젊음이 내뿜는 열기 속에 긴 여행이 아닌 하루 나들이다.

식사가 끝나고 갖가지 여흥 순서에 뒤이어 밴드가 음을 발산하자 주위에 소풍객들이 몰려와 진을 치고 앞다투어 남녀 직원들의 노래솜씨가 펼쳐졌다. 마침 그날은 시부모님은 여행 중이셨고 친정에서는 이사를 하는 날이라니, 아뿔싸! 우린 한살 딸아이를 맡길 데가 없어 끙끙대다 아이까지 대동하고 나선 것이다. 자꾸 칭얼대는 아이 덕에 자유롭지 못해 속이 탔고 용기도 없어 주눅이 들 정도였는데 느닷없이 사회자의 호출에 놀랐고 이끌리어 나가 홍당무가 된 채 늘 즐겨 부르던 나의 18번 '라파로마'를 불렀다.

호수가 수면에는 푸른 초봄 하늘이 길게 깃들어 있었고 깊은 호수 수면 위로 흰 구름이 흘러가는 아름다운 자연 속에서 부른 라파로마는 멋지게 펴지는 밴드의 반주와 호흡이 잘 맞았는가 일등의 영광과 한 아름의 상품을 안고 즐거워했던 추억들. 칭얼대던 아이도 엄마 노랫소리에 방긋거리고 옆에서 얼얼하게 박수친 덕이라고 큰소리치던 남편의 그 시절 젊은 얼굴이 클로즈업되어 온다. 산정호수에서의 추억은 아직도 잊지 않고 있는 젊은 날의 마음에 담긴 특별한 사진첩이다.

더욱이 한 달 후면 미국으로 떠나가야 하는 남편과 미래를 위해 많은 대화가 오고 간 날이기도 했고, 딸아이와 함께 시집에 머물며 남편의 초청장을 기다릴 긴 시간을 어떻게 효율적으로 지내야 하나를 무척 고민하던 그 시절이 어제 같은데, 어느새 딸아이는 다섯 아이의 엄마가 되고 이곳 미국에서 부끄럽지 않은 삶을 살게 하시는 하나님의 사랑에 감사한다.

결단과 인내가 엄청 필요했던 아득한 1971년 봄. 산정호수에서의 추억을 떠올리면 그것은 언제나 하나의 꽃으로 피어오르듯이 삶을 뒤돌아보는 이력의 세계는 언제나 잡다한 아름다움뿐이다.

황혼의 10월 나들이

세월은 언제나 아쉬움을 모른 체 담담히 흐르고 있다. 맑고 푸른 가을 하늘의 뭉게구름과 파아란 물이 마구 떨어질 것 같은 화창한 날.

살짝 잎새에 찾아온 가을빛이 분첩을 꺼내든 것처럼 푸른 잎을 붉으락 누르락 원색으로 곱게 물들이고 있다. 짙은 가을향기가 물씬 풍겨오는 시월의 문턱에 서면 황혼의 들뜬 가슴에다 차곡차곡 채워진 여행가방을 옆에 끼고 LA행 비행기에 한자리를 차지할 것이다.

“젊음은 이쁨이요, 늙음은 아름다움이라”라는 어느 시인(詩人)이 읊은 시(詩)다. 여자는 나이가 들어도 영원히 여자로 인정받기를 원하는 심리를 충족시켜주는 가장 적절한 표현이 아닌가 생각하게 한다. 행복을 연구하는 학자들에 따르면 사람은 누구나 행복해지는 데 필요한 99%의 요소를 이미 갖고 태어난다고 한다. 나머지 1%는 스스로 노력하여 채워가는 것이고 99%의 잠재력은 1%의 노력에 의해서 깨어날 수 있단다.

우리의 삶에 분명 1%의 노력이 날마다 이어가야 하지 않을까. 나이 듦에 서러워하지 않고 남은 삶을 즐겁고 행복하게 사는 것은 노력이요, 우리가 살아가는 삶의 몫이라 생각한다. 비록 손자 손녀들 때문에 할머니 소리를 듣지만 언제까지나 마음은 청춘인 것을, 나이 들었다고 낭만을 느끼지 못하거나 좋아하는 감정이 없다면 얼마나 메마른 삶이고 얼마나 삭막할까.

세계 각국에 흩어져 살고 있는 여고 선, 후배 동문들이 매 2년마다 갖게 되는 국제동문회가 금년엔 LA에서 열리게 된다. 선, 후배 540여 명이 모이는 총동문회를 앞두고, 한 책상에서 6년이란 긴 세월 동안 머리를 맞대고 시시덕거리며 사춘기를 녹였던 여고 졸업 50년의 세월! 지나간 나날들을 돌이켜 잊혀진 것들과 막연함과 함께 스쳐 지나간 것들을 반추하면서, 정말 보고 싶었던 친구들과 50년 만의 재회라는 기대에 잔뜩 흥분하고 있다.

생각하면 저절로 웃음이 번지는 사춘기 시절 친구들이 알까 봐 쿵쿵 설레는 가슴을 억제하며 말 한마디 건네지 못하는 숙맥인 내가 감히 갓 부임해 온 총각 선생님을 좋아라 짝사랑(?)했던 낭랑 18세 소녀 시절도 있었고 숙제를 잊고 혼날까 봐 단짝 친구한테서 빌려온 숙제가 들통 나 혼쭐나던 숱한 옛이야기들이 숨겨두었던 보물처럼 슬금슬금 꼬리를 흔들며 추억이 되살아나고 있다.

교정 뒤뜰에 노랗게 물든 은행나무 아래에서 떨어지는 낙엽을 바라보며 곱게 물든 은행잎을 주우며 재잘대던 여고 시절! 수북이 내려앉은 노오란 빛 고운 은행잎을 골라 책갈피에 끼우며 만추(晩秋)의 황홀함에 젖어 어설픈 글쓰기에 열을 올리기도 했다. 젊은이들이 누리고 있는 젊음을 우리는 이미 누렸으며 그런 시절을 모두 겪었다는 사실에 만족해야 하는 황혼의 나이다. "주름살과 함께 품위가 갖추어지면 존경과 사랑을 받는다"는 위고의 말에 귀를 기울이며 우리의 영혼이 꿈틀거리는 한, 황혼의 10월 나들이는 눈부시도록 아름답고 멋진 추억의 한 장으로 자리매김을 할 것이다.

신선한 대자연의 향기 속에서 만남의 즐거움을 가질 수 있다는 행복감과 우리가 움직일 수 있다는 사실을 실천하는 기회이기에 늘 축복주시는 하나님의 사랑에 감사하며 오늘도 내일도 열심히 살아가리라.

불볕더위 속의 여름휴가

앞뜰에 활짝 핀 키꺽다리 빨간 코스모스는 가는 허리를 바람에 맡긴 채 하늘하늘 춤을 추고 있고, '또르르 또르르' 목청껏 울음 우는 풀숲의 귀뚜라미 합창소리가 요란한 걸 보면 가을이 아주 가까이 와 있음이 분명하다. 8월 중순 연중행사로 온 가족이 함께 출동하는 여름휴가를 노스캐롤라이나(Out Banks' Corola beach)로 정하고 바다 전경이 훤히 보이는 비치하우스에서 일주일간의 오붓한 휴가를 위해 계획했던 그 날이 왔다.

저녁 한 끼 하루만 푸짐한 식탁을 엄마가 당번해달라는 딸의 주문에, 모두가 좋아하는 양념한 갈비와 손주들이 좋아하는 김치를 아이스박스에 담고 김치를 먹자면 밥을 찾을 테니(자기 집에서는 양식만 하니까) 밥솥과 쌀을 싣고 고속도로로 달려간다. 불경기라고 모두들 떠들지만 길에는 비싼 가스를 마구 태우며 가다 서다를 반복하며 줄줄이 바닷가로 향해가는 피서객 교통체증에 짜증이 났지만 다행히도 2살 반짜리 손녀를 태우고 가는 우린 아이의 애교와 재롱 속에 지루함 없이 목적지에 도착했다.

여섯 개의 침실과 다섯 개 반의 화장실을 갖춘 비치하우스는 우리 식구 열넷 대가족이 지내기에 불편 없을 정도로 시설이 훌륭해 나무랄 데가 없다. 에메랄드빛 고운 물결이 넘실대는 바닷가로 졸라대는 손주들의 성화에 서둘러 달려 나가고 딸들이 여덟 명의 손주들을 돌보는 베이비시터를 대동하고 왔으니 난 손주들의 친구로 한가하게 은빛 모래정원에 쳐놓은 텐트에 앉아 출렁이며 밀려오는 파도소리와 손주들의 왁자지껄 깔깔 웃음소리를 들으며 행복한 휴가의 첫날을 맞는다.

플라스틱 자그마한 삽으로 깊이 파낸 모래밭에 얼굴만 빠끔히 내밀고 온몸을 모래 속에 숨기느라 구슬땀들을 흘리는 모습을 바라보며, 조개껍질을 주워 바구니에 담는 천진난만한 손주들의 일거일동이 너무나 귀엽다. 제가끔 부기 보드를 끌고 나가 넘실대며 하얗게 부서지는 파도를 재빠르게 가르며 파도를 넘나드는 손주들의 모험심에 하루가 다르게 검게 그을린 얼굴들. 하얀 이를 아낌없이 드러내느라 모두들 카메라를 들이대면 제가끔 '치즈' '김치' 하며 포즈를 취해주는 그들 덕분에 땡볕 아래서 초점 맞추며 수없이 찍어대는 땀 범벅된 사진사(?) 할머니를 누가 말릴까.

파도는 순결한 모래사장에 작은 먼지라도 내려 앉을까봐 애태우며 밀려와 솜털 같은 모래를 적셔대고, 물새들은 노을에 붉게 물든 부리들을 벌려 고운 울음소리를 내며 내 머리 위를 빙빙 날아다닌다. 곱디고운 모래사장에 여덟 손주들의 이름을 하나씩 써놓으면 자기 이름을 찾아내고 좋아라 하는 아이들. 거북이, 물고기 모래조각품을 만든 서툰 조각가에게 조막만한 손바닥으로 박수쳐대며 환호하는 손주들의 티 없이 밝은 미소 속에 하루하루가 쏜살같이 빠르게 지나간다. 아이들이 잠자리에 들면 어른들은 포커(Taxas Hold'em)게임을 즐기고, 동 터오는 새벽녘 딸들과 해변에 나가 거닐 때면 붉게 떠오른 태양은 사정없이 은빛 바다 수면 위로 쏟아져 내려 온통 바다를 붉게 물들여 놓고 그 망망대해를 자유로이 휘젓고 다니는 갈매기 떼들은 낭만 가득 실은 한 폭의 그림을 그려낸다.

그뿐인가. 불볕더위 속에 뜨겁게 달구어진 모래사장은 모래찜질에 백퍼센트 효과를 안겨주고 곧바로 짭짜름한 찬 바다 속으로 풍덩 뛰어드는 묘미는 바다에서만 맛보는 것이리라. 쳇바퀴 돌듯 직장과 가정에서의 바빴던 일상들을 잠시 내려놓고 느긋하게 파도가 밀려왔다 밀려가는 바다가 주는 즐거운 행복 속에 마음껏 웃음꽃을 피우며 온 가족이 한바탕 밝은 화목의 세상을 만드느라 분주했던 날들이 고맙기만 하다.

추억의 길을 따라

고국을 방문할 때면 정말 한국의 발전상에 놀란다. 해가 지면 도로에 펼쳐진 꽃밭처럼 네온사인과 하늘로 올라간 빌딩 창문마다 불꽃송이가 하나 둘 켜지는 간판의 호화찬란함에 또 놀란다. 이곳 미국은 실질주의 나라라 그렇게 간판의 호화로움이 없는데 정말 고국을 다녀오고 나면 이곳은 정말 적막강산 같은 느낌에 한동안 젖기도 한다.

제철을 만난 듯 10월에 내리는 함박눈은 탐스럽기까지 하다. 알록달록 곱게 물든 단풍잎 사이사이로 가늘게 흔들리는 바람을 타고 나비같이 살랑살랑 춤을 추며 내리는 함박눈. 낭만을 가득 실은 한 폭의 멋진 가을 속의 겨울 풍경이 사뭇 눈에 감긴다.

8박 9일간의 전국 투어, 우리 일행은 모두 교포들로 광화문에서 만나 관광버스에 올랐다. 고속도로로 달려간 첫 번째 코스는 이성계 영정이 봉안된 '경기전'이었다. 구경도 식후경이라 했나. 점심식사로 먹은 전주비빔밥은 기대했던 만큼의 맛보다는 모양새는 제법 그럴듯했다.

호남의 금강이라 불리는 내장산 국립공원엔 10월 초라 단풍은 그리 곱게 물들지 않았다.

목포를 경유 한반도 최남단 땅끝에 위치한 해남으로 이동 고산 윤선도의 유적지인 '녹우당'을 관람하고 수려한 자연경관과 백제, 무령왕 시대의 '대흥사'로 유명한 '두륜산 도립공원'의 국내 최장 1,600m 선로 케이블카를 타고 고계봉에 올랐다. 화창한 날씨 덕에 전망대에서 다도해와 멀리 제주 한라산까지 바라볼 수 있는 행운을 얻었다.

국내 최대의 녹차 생산지 보성 녹차밭, 담양의 죽녹원 대나무 숲 산책 코스는 얼마나 정겹던지 모른다. 가수 조영남의 히트곡인 하동의 '화개장터'에는 온갖 산나물과 굵직굵직한 밤, 즉석에서 끓여주는 장터 국수 맛은 일품이고 마냥 고국 향수에 젖고 싶었으나 시간이 없다고 재촉하는 가이드에 순종하느라 모두들 아쉬움을 남겼다.

통영으로 이동, 충무공 이순신 장군의 유적인 '제승당'을 두루 돌아보고 한려수도의 유람선에 올라 밀려드는 관광객은 마치 전쟁이 난 듯 인산인해 속에 밀리고 밀린 그 날은 날씨마저 갑자기 추워져 동태가 될 뻔한 날이었다. 부산 김해 공항에서 50여 분 만에 제주 공항에 도착해 그 길로 잘 가꾸어진 분재 예술원과 유명인들의 밀랍인형 전시관인 제주 국제평화센터를 돌아보았다. 제주 천연기념물인 새 섬을 연결하는 서귀포의 미항 세연교 다리의 멋짐에 반해 2시간이란 유람의 시간이 너무나 짧기만 했다.

올레길로 이름난 외돌개 해안 목재 산책로를 오르내리며 바다에 솟아 있는 형형 각색의 바위를 배경으로 사진 찍는 소리가 여기저기서 요란했고, 제주의 생활을 그대로 간직한 성읍민속마을을 관광하면서 가이드의 익살스러운 재담에 한바탕 엔돌핀을 쏟아냈다. 드라마 올인 촬영지이며 기생화산으로 유명한 '섭지코지'와 말미오름을 걸어 올라가느라 숨을 헐떡거리고, 수많은 세월동안 비바람 풍랑에 씻긴 용두암에서의 해녀가 금방 따온 해삼, 멍게 맛은 일품이었다.

부산의 명물 자갈치시장의 왁자지껄함 속에 싱싱하게 날뛰는 온갖 생선과 살아 움직이는 왕 게를 주무르는 상인들의 입담도 대단했다. 부산 해운대에서는 영화제가 열린다고 야단법석이고 해변가에 늘어선 고층 빌딩들은 상상을 초월한 멋진 건물들로 꽉 찬 신도시였다. 세계 어디에 내놔도 뒤지지 않을 도시임에 틀림없다. 경주 불국사와 석굴암과 첨성대를 두루 돌아보며 마침 수학여행 시즌이라 많은 학생들이 단체로 몰려와 북새통을 이루었다.

속초를 경유 마지막 코스 설악산에선 이른 아침 케이블카를 타고 정상에 올라 만물상을 배경으로 저마다 짝지어 추억을 담느라 찍고 또 찍고를 연출하고, 강원도의 감자떡과 찰옥수수를 사먹는 재미도 쏠쏠했다. 설악산을 뒤로하고 서울로 떠나오는 차창 밖 풍경은 논두렁마다 가득가득 메운 누런 벼들은 풍년을 알리고, 황금 논밭을 바라보는 우리의 마음은 흐뭇했다.

600만 청중을 울린 랜드 포쉬 교수는 "늘 삶을 즐겨라. 즐긴 만큼 삶은 내 것이 된다"고 말한다. 자칫 무료해지기 쉬운 우리 노년의 삶의 활력소가 되는 추억의 길을 따라 감사의 날들로 엮어가는 삶이기를 소원한다.

캠핑의 묘미와 낭만

메모리얼 데이 연휴를 맞아 워싱턴 산악인협회 주관으로 버지니아 윈체스터 인근의 '마운틴 레이크 캠프 그라운드'에서 2박 3일간 캠핑을 즐기고 왔다. 기타를 준비해온 음악애호가인 회원은 노련한 기타연주로 연일 가곡, 팝송, 가요의 멋진 음률들을 연주해주어 온 들판을 흥겨움에 들뜨게 하고 녹색으로 물들인 산장에서 노래방 반주와 각자 취미에 맞추어 부르는 노래는 캠핑의 묘미를 한층 낭만의 분위기로 넘쳐나게 한다.

에어베드가 깔리고 슬리핑백이 깔린 아늑한 텐트 속에서 잠자는 것이 얼마만인가. 막 깊은 잠에 빠졌나, '우당탕' 천둥소리에 놀라고 갑작스런 빗소리는 사정없이 텐트 위를 마구 두드리는데 난 그 웅장한 빗소리가 얼마나 듣기가 좋았던지, 무더운 한여름 밤을 식히는 '아름다운 사랑의 세레나데'라고 소리치고 싶었다. 그 빗소리는 내 마음을 낭만의 숲으로 마구 빠져들게 한 음악(?)이었으니 난 아직도 꿈을 꾸는 젊음이 내 몸 가득히 채워있음에 감사하지 않을 수 없다.

50여 명이 함께하는 산행과 밤을 새워가며 꼬챙이에 길게 꿰어진 통돼지가 모닥불 위에서 서서히 익어가고, 구수한 냄새를 풍기며 구워진 군고구마, 옥수수, 조개를 손이 델세라 조심스레 꺼내어 호호 불어가며 먹는 재미는 두고두고 추억거리다. 그러니까 아이들이 한창 어릴 적이다. 가깝게 지내는 친구가족과 아이들이 한데 어울려 곳곳의 캠핑장을 누볐던 날들이 기억 속에서 고개를 반짝 들어 올린다.

가져간 부식으로 찌개를 끓이고 밥을 짓고, 공놀이를 하고 별이 총총히 떠 있는 밤하늘을 올려다보며 서로가 두고 온 고향을 그리워했던 날들. '나의 살던 고향', '모닥불 피워놓고' 등 갖가지 노래를 불러가며 초창기 이민의 고달픔을 달래던 그 시절은 30여 년이 흐른 먼 이야기가 되었다. 이젠 자식들이 모두 떠난 빈 둥지에 덩그러니 노년의 부부만 남아 지나쳐 간 그 세월에 그리움만 남지만, 때때로 지인들과 색다른 모임 속에서 친목을 다지는 시간들이 얼마나 소중한지 모른다.

한번 흘러가면 다시 오지 않을 덧없는 세월에 마음까지는 따라가지 말자. 나이는 시간의 매듭일 뿐, 생각이 어리면 늙지 않을 것이며 열정을 가지고 풍요롭게는 못산다고 하더라도 자유와 평화 속에서 안식을 누리며 몸과 마음이 다 건강하게 오래오래 살아야 함을 느껴보게 된다. 탈무드 격언에 사람의 마음을 안정시키는 세 가지가 있는데 명곡(名曲), 조용한 풍경, 깨끗한 향기라고 했다 '행복해서 노래하는 게 아니고 노래하니까 행복해진다'는 말이 있듯이 신나게 사는 사람은 늙지 않는다고 했다.

산행을 즐기는 이유는 맑고 아름다운 새들의 노랫소리와 졸졸거리며 흐르는 시냇물, 여기저기 피어난 꽃들과 함께 마음의 평화가 주는 최상의 휴식의 시간이기 때문이다. 자연은 '신이 인간에게 내려준 극치'라고 할 정도로 인간의 황폐해진 정서와 각종 질병 치료에 도움이 된다고 하지 않은가. 검푸른 나무가 병풍처럼 드리워진 넓은 잔디 위에 초가 집채만 하게 말아놓은 건초더미 사이사이를 비집고 설치한 각양각색의 텐트는 마치 유럽 여행 중 본 집시촌을 연상케 하는 낭만의 색다른 풍경이 좋기만 했다.

온 들판을 흥겨움에 들뜨게 한 멋진 음악과 푸근한 마음속에서 저마다 불러 본 노래는 건강의 상징임이 분명하다. 풀과 나무 꽃들이 어우러진 산림 속에서 뿜어대는 맑고 깨끗한 산소를 마시며 걷는 즐거움. 50여 명이 한가족이 되어 한 솥의 밥을 먹으며 더불어 사는 삶의 기쁨을 만끽한 캠핑의 묘미와 낭만은 지친 일상을 벗어난 심신의 휴식시간이었다.

낙엽 깔린 산길을 따라

강물처럼 흐르는 세월은 어느새 가을을 밀어내고 겨울의 시작을 알린다. 이름 모를 작은 새 두어 마리가 앞마당에 사뿐히 내려앉아 속삭이는 정겨운 아침. 친구들과 산행이 약속된 날이다. 유난히 서늘하게 불어주는 바람도 여운을 남기려 하는 날 가벼운 재킷을 걸치고 사각사각 낙엽 밟는 소리에 발맞추며 산길을 따라 걷는다.

어느 누가 처음 이 산에 올랐기에 어설픈 낯선 산행에 길을 잃을까봐 가는 길 곳곳 나무에 페인트로 표시해놓아 길 잃을 염려도 없다. 졸졸 흐르는 냇물을 가로지른 징검다리를 건너고 가파른 언덕을 올라 헐떡거리는 숨을 몰아내자면 바로 내리막길이 이어진다. 빠른 걸음으로 쉽게 내려가고 또 언덕을 만나 쭉 오르다 보면 머리 위로 툭툭 소리 내며 떨어지던 도토리의 세례는 없지만 수북이 깔린 낙엽 위로 찬란한 햇살이 나무 사이사이를 비집고 반겨준다.

가슴을 펴고 팔을 힘차게 저으며 고개를 바로 들고 힘찬 발걸음을 옮기다 보면 두툼한 꼬리를 마구 흔들며 도토리 알을 찾아 양손에 쥐고 오물거리는 다람쥐들의 재롱이 얼마나 귀엽던지. 정겹게 울어대는 갖은 새소리의 지저귐은 산행에 더욱 상쾌함을 안겨주고 세상 살아가는 이야기를 꽃피우다 보면 어느새 한 시간을 걸은 거리에 와 있어 더 이상이 아닌 종점으로 정한다.

그만 몸을 돌려 오던 길로 바로 발걸음의 속도를 조금 늦추다 보면 뒤처져 따라오던 일행들과 만나 왁자지껄한 분위기가 되고 준비해온 먹거리를 꺼내 길게 쓰러져있는 통나무에 엉덩이를 붙이고 먹는 재미도 쏠쏠하다. 되돌아 산을 내려올 때면 오를 때보다 쉽고, 발걸음도 가볍고 근력 운동, 유연성 운동, 유산소 운동으로 이마에 흐르는 땀방울마저 상쾌하게 느껴지는 것 그것이 산행의 진정한 매력이 아닐까.

살랑이는 바람 따라 흩날리는 낙엽은 어느 날 거름이 되어 새로 태어날 잎새의 영양분을 공급하는 비타민이 될 것이다. 더욱이 사각사각 낙엽 밟는 소리에 장단 맞춰 부르는 콧노래는 나이를 초월한 동심의 세계를 넘나드는 삶의 활력소요, 왕복 2시간 속의 산행은 밀린 숙제를 확실히 해낸 행복한 성취감에 젖게 한다.

넓게 펼쳐진 맑은 호숫가 오리 두 마리가 사이좋게 노니는 모습은 한 폭의 그림이다. 거기에는 또한 죽은듯한 시커먼 나무 기둥들이 우뚝우뚝 서 있어 아직도 생명이 남았나 의문이 생기지만 이채롭게 나목(裸木) 밑에 가지런히 깔린 낙엽과 어우러진 초겨울의 풍경도 삼삼하니 좋기만 하다.

광활한 들녘에는 초가 집채만 하게 말아놓은 건초 덩이가 여기저기 무심하게 뒹굴고 있고, 불어오는 바람 따라 한들거리는 억새풀 사이사이로 둥글둥글한 환한 얼굴들을 내민 호박은 겨우내 짐승들의 먹이로 다 거두지 않고 남겨둔 것이라니 흙을 가까이 하는 사람, 소박하고 욕심 없는 따뜻한 농부들의 너그러움에 흠뻑 정이 간다. 친구들과 낙엽 깔린 산길을 따라 걸으며 마음속엔 허전하고 쓸쓸한 사람들까지도 사랑으로 포옹하면서 삶의 무게가, 모서리가 느껴지지 않는 귀한 오늘과 내일이 되기를 바래본다.

초대 대통령 조지 워싱턴의 생가 방문

포토맥 강 하류 쪽에 자리 잡고 있는 미국의 초대 대통령 조지 워싱턴의 생가. 어린아이들의 수학여행 또는 소풍코스로 많이 오는 곳. 7월 4일 독립기념일 멀리 노스캐롤라이나에서 작은딸네가 휴가차 왔다. 다음 날 조지 워싱턴 생가를 방문하는 것이 학습에 도움 주는 손주들의 문화탐방을 위해 이른 아침에 출발했다.

포토맥 강변에 고즈넉하게 자리 잡은 버지니아의 마운트버넌(Mount Vernon)에 초대 대통령 조지 워싱턴의 저택과 정원이 있는 곳에 도착했다. 입장권을 구입하고 건물로 들어서니 정면에 조지 워싱턴과 그의 아내 마사와 딸 그리고 아들의 정겨운 가족 동상이 우리를 반갑게 맞이한다. 관광객들이 동상 곁에 포즈를 취하느라 법석이고 우리도 사진 찍는데 예외일 수가 있나 손주들과 동상 옆에서 몇 장의 사진을 박는데 성공했다. 각 나라 글로 된 안내서가 비치되어 있고 벽면에는 화려하면서도 부유했던 조지 워싱턴의 생활상을 실은 사진이 전시되어 있다.

맨션으로 불리는 3층짜리 저택 내부 투어는 시간이 정해져 있고, 한 시간 반이란 시간 여유가 있어 우린 저택을 중심으로 창고, 세탁소, 육류 훈제소, 소금 창고, 양념 보관창고, 마구간 등 부속건물과 노예들이 살던 방을 차례로 투어하느라 분주했다. 엄청 더운 날에도 손주들은 신이 나서 기웃기웃거리고 저마다 중요하다고 생각되는 것을 노트하느라 분주하다. 울타리 안에는 대장간, 식품 공장, 옷 공장, 신발 공장, 식품 창고, 과수원 농장, 축사가 갖추어져 있어 모든 것을 집에서 자급자족할 수 있었던 곳이다.

그때 그 시절 그대로를 재현하고자 대장간 대장장이가 계속 불을 지펴놓고 쇠를 망치로 '땅 땅', 날씨도 살인적인데 직접 풀무질을 해가면서 쇠를 달궈서 농기구나 연장을 만드느라 땀을 뻘뻘 흘리면서도 일일이 질문에 친절하게 응해준다. 투어 시간에 맞추어 3층으로 된 저택 내부투어를 시작했다. 화려하면서도 부유했던 조지 워싱턴의 생활을 보며 내부 벽의 색깔이나 인테리어에 이르기까지 워싱턴의 손길이 묻어있다고 한다. 심지어는 전쟁 중에도 엄청 공들였다고 하며 실지로 살던 집 내부는 사진찍기가 금지되어 있다.

실내는 언제부턴가 에어컨이 설치되어 시원했고, 워싱턴이 사용하던 침실에서 별세했다는 가이드의 설명에 상세히 들여다보느라 관광객이 움직이지 않아 애를 먹었다. 그저 한 시간 정도의 투어로 만족하고 건물 밖으로 나오니 옛날 노예 복장을 착용하고 그 시대의 배경을 설명하느라 목청을 높이고 관광객들은 열심히 경청하느라 바쁘다. 뒤 정원에서 내려다보이는 포토맥 강이 시원하게 펼쳐져 있어 얼마나 경치가 아름답던지. 조지 워싱턴은 1732년에 태어났고 어려서부터 정직의 중요성을 배우고 자랐다. 이곳에서 조지 워싱턴은 대통령이 되기 전부터 가족이 함께 살았고 대통령 재임 중에도 이곳을 엄청 아끼고 가꾸고 사랑했다고 한다. 1759년 두 자녀가 있는 부유한 미망인 마사와 결혼했다. 워싱턴가족은 1759년부터 조지 워싱턴이 식민지군 사령관으로 부임한 1775년까지 살았고, 전쟁 후 대통령 임기를 마치고 조지 워싱턴은 67세(1799년)의 나이로 세상을 떠날 때까지 만 45년간 이 집에서 살았다고 한다.

조지 워싱턴은 대통령이지만 General(장군)로 불리는 것을 더 좋아해서 늘 장군 조지 워싱턴이라고 불렀다. 그의 사후에는 노예를 풀어주라는 유언을 남겼다고 하고 조지 워싱턴이 부리던 노예들의 영령을 기리는 60여 명의 기념비도 한켠에 있음을 보았다.

어렸을 때 타고 다니던 마차 위에 놓인 의자가 앙증맞게 돋보이고 전용으로 타던 자동차도 그대로 전시되어 있으며 그 넓은 대지 한켠에 워싱턴 대통령 부부의 묘소가 자리 잡고 있는데 많은 관광객에 밀려 멀리서 바라보는 것으로 만족해야만 했다. 저택 뒤쪽 포토맥 강가에는 유람선 보트 선착장이 있고 보트를 타려는 관광객이 만원을 이루고 있었다.

모든 문화탐방 투어를 마치고 나오는 출구에 워싱턴박물관이 있고 워싱턴대통령의 손때 묻은 물건들이 전시돼있음을 보면서 조지 워싱턴의 집안은 귀족으로 그 당시 상당한 부와 명예를 누렸을 것에 감탄사가 절로 났다. 노예들이 살던 집과 작업장은 그냥 눈물겨웠던 역사 이야기로 기억을 할 뿐 노예들의 생생한 삶을 조지 워싱턴 생가를 둘러보면서 많은 생각을 하게 했다. 사람은 하나님 앞에서 누구나 평등하다고 누군가 했던 말이 생각난다.

제6부

삶을 대하는 마음가짐

슬픈 청춘의 세월

오늘로부터 꼭 23년 전, 그날도 이렇게 소나기가 마구 퍼부었다. 뉴욕에 살고 있는 친구의 비보를 듣고 기막혀 분노했던 그 날의 추억이 자꾸 슬픈 연민의 늪으로 빠져들게 한다. 10년의 열렬한 연애 끝에 결혼하고 첫아들을 낳아 첫돌을 며칠을 앞둔 어느 날, 모두가 부러워하는 좋은 직장의 엘리트로 잘나가던 신랑이 불행하게도 교통사고로 세상을 떠났다.

갑자기 당한 슬픔을 어떻게 이겨야 하나 울부짖던 친구는 아기와 살아야겠다는 일념으로 남편이 남겨놓은 자금으로 정신없이 뛰었다. 어느 정도 자리가 잡히기 시작할 즈음 자신의 존재와 의미에 대해서 종종 회의가 생겼고, 앞으로의 생활 진로에 대한 갈등 속에서 미래를 위해 투자하기로 굳게 마음먹고 미국행을 결심했다.

서양속담에 '하늘이 비를 내리기로 결정하고 어머니가 재혼하기로 마음먹으면 막을 도리가 없다'고 했는데 주위에서 그렇게 말렸는데도 친구는 어린 아들을 친정에 맡기고 캐나다를 경유 어렵사리 미국에 왔다.

처해있는 현실이 힘들고 버거워도 영주권 받고 다시 만난다는 희망으로 이를 견뎠다.

그 날도 영주권 수속을 위해 변호사를 만나고 나오는 길에 어처구니없는 교통사고를 당했다. 사고 차량은 보험에 가입하지 않은 뺑소니 차였다. 연고자 없이 노동허가서만 받은 신분으로 시립병원에 입원해 있다는 소식을 뒤늦게 듣고 허겁지겁 찾아간 나는 독방에 누워있는 친구의 모습을 보고 기겁을 했다. 눈은 초점을 잃고 목과 양팔에 연결된 흰 붕대로 매어져 양팔이 좌우로 허공을 향해 기계처럼 허우적거리는 몰골로 변한 괴물(?)이 되어 있었다. "너, 이 꼴로 병원에 누워 있으려고 미국 온 거 아니잖아. 말 좀 해봐, 이 바보야." 소리치며 떼를 썼지만 아무 대답이 없다. 그래도 내가 누군지는 알았나보다. 심장박동 모니터에 그려지는 파장이 갑자기 널뛰기를 한다. 사고 소식을 듣고 급히 수속해 온 아들, 얼마나 보고 싶고 그리웠던가. 그러나 아들과 한마디의 대화도 나누지 못한 채 어처구니없는 삶의 종말을 맞고 말았다.

시련과 아픈 경험을 통해 세상을 관망할 줄 아는 통찰력을 가졌고 무한한 가능성을 가진 친구였는데, 얼마나 가엾고 불쌍한지 난 뉴욕으로 정신없이 달렸다. 플러싱의 한 장의사에서 목사님을 모시고 쓸쓸하게 치러진 장례식. "내 영혼이 은총 입어 중한 죄짐 벗고 보니 슬픔 많은 이 세상도 천국으로 화하도다" 찬송을 부르며 얼마나 울었는지.

유일한 자기의 분신인 18세의 아들을 홀로 남겨두고 이 세상을 떠나는 엄마의 기막힌 운명, 화장터에서 한 줌 재로 변한 상자를 품에 안고 오열하는 아들의 처지. 이보다 더한 기막힌 이별이 또 있을까.

양친 부모 안 계신 고국에 돌아갈 용기가 없어 먼 친척 집에서 불체자의 신분으로 지낸다는 소식이었는데… 이국땅에서 뼈저린 외로움을 견디며 힘겹고 슬픈 청춘의 세월을 씩씩하게 이겨낸 Joon. '우리의 최대의 영광은 한 번도 실패하지 않는 것이 아니라 넘어질 때마다 다시 일어서는 것이다'란 공자의 말씀을 떠올려본다. 나도 가만히 지나쳐간 나의 인생길을 뒤돌아보면 때로는 방황하고 어려움 속에서 좌절의 순간을 느낀 적이 얼마나 많았는지 모른다. 40여 년의 이민생활이 쉽지만은 않았으니까. Joon아! '사람은 행복하기로 마음먹은 만큼 행복해진다'고 링컨은 말했다. 큰 소망을 갖고 모든 일에 부지런하고 진실된 삶, 복된 삶을 위하여 무던히 노력하는 날들이기를 기도하자.

여유를 갖는 습관

세상을 살아가다 보면 아무리 완벽한 사람이라도 실수를 할 때가 있다. 그리고 아무리 선량하고 원만한 사람이라도 때로는 누군가의 비난을 받거나 위기의 순간을 맞을 때가 있다. 그럴 때 어쩔 줄 모르고 갈팡질팡하거나 분노를 다스리지 못하고 흥분함으로써 결과적으로 자신의 이미지에 큰 어려움을 겪게 될지도 모른다.

미국의 레이건 대통령이 재임 중 난감한 질문을 퍼붓는 기자들에게 'Son of Bitch(개새끼)'라는 욕설을 했다가 엄청난 구설수에 오른 적이 있었다. 분개한 기자들은 며칠 후 레이건에게 티셔츠 한 장을 선물했다. 셔츠의 앞가슴에는 'SOB'라는 글씨가 큼직하게 새겨져 있었다. 그것은 물론 대통령의 욕설에 대한 기자들의 항의표시다. 만일 대응을 제대로 못 하거나 이번에도 신경질적인 반응을 보인다면 다음날 신문들이 일제히 레이건을 비난하고 나설지도 모르는 상황이다.

그러나 레이건은 빙그레 웃으며 이렇게 응수했다고 한다. "SOB라…. 이건 당연히 Saving of Budget(예산절약)이라는 뜻이지요? 여러분의 충고를 늘 염두에 두겠습니다." 물론 다음날 신문에는 아무런 글도 실리지 않았다는 내용이다. 어려운 상황을 반전시킬 수 있는 유머능력의 대단함. 아무리 말재간이 좋고 순발력이 뛰어난 사람이라도 마음이 조급하고 감정이 격한 상황에서는 절대 유머가 나오지 않을 것이요, 매사에 느긋한 사람만이 상황에 걸맞은 적절한 유머를 구사할 수 있으리라.

스티브 앨런은 '불편한 상황에서 의도적으로 유머를 하는 것은 감정조절에 유익하다'고 역설했고 또 제랄드 피아제는 '유머는 삶의 갈등을 이겨내는 안전밸브이다'라고 했다. 자기를 내세우지 않고, 남을 깔보지 않는 겸손과 평등의 유머 그것은 인간에 대한 깊은 사랑에서 나온다고 믿는다. 정말 여유 있는 마음을 갖는다는 것이 얼마나 큰 축복인가.

이번 과테말라를 여행 중에 난 사람과 사람사이에 정(精)이란 얼마나 소중한가를 마음속에 깊이 새기는 기회를 가졌다. 멀리 타국 과테말라에서 외로운 이민생활 17년째를 보내며 비즈니스 하는 내 지인의 사촌 여동생 내외분과 서로가 초면이었지만 놀랍게도 하나님 이름 안에서 서로 격려하는 사랑의 첫 만남이 얼마나 소중하던지. 싹싹하고 친절한 그들의 환한 웃음은 서먹하지 않은 많은 대화 속에서 극진한 대접을 받았다. 그저 전화 통화로 안부 정도로 끝날 수 있을 터인데 피곤하고 바쁜 이민생활에서도 귀한 시간을 내어 11명의 우리 팀원들을 저녁만찬에 초대해 반겨주는 그 여유 있는 마음과 폭넓은 사랑에 감격하고 감사한다.

버스카글리아는 '사람은 함께 웃을 때 서로 가까워지는 것을 느낀다'고 했다. 그의 말대로 웃음은 사람과 사람 사이의 어색함을 풀며 초면일지라도 자연스럽게 친밀감을 느끼게 해준다. 긍정적이고 낙관적인 사고가 있어야 여유로움이 나올 수 있을 것이요, 평소에 말과 행동에 여유를 갖는 습관에 잘 길들여진다면 우리 이민의 삶이 더 밝고 풍요로워짐은 물론이요 멋진 이미지와 좋은 유머를 구상함이 자연스러워질 것이다.

삶을 대하는 마음가짐

77세의 나이로 디스커버리호의 우주인으로 탑승, 최고령 우주비행사의 기록을 세운 존 글렌은 우주왕복선에서 내리면서 "달력의 나이는 집어치워라. 내 나이는 내가 만든다"고 소리 높이 외쳤다. 얼마나 파랗고 싱싱한가! 얼마나 자신만만하고 멋진가!

'젊음은 빛나지만 늙음은 고귀한 것'이라고 말한 빅토르 위고의 말도 우리는 자주 음미해야 한다. 영화 『슈렉』의 원작을 쓴 윌리엄 스타이그는 예순이 넘어 동화작가가 되었고, 미국의 '국민 화가'로 불렸던 모지스 할머니(1860~1961)는 76세 때부터 그림을 그리기 시작해 101세까지 붓을 놓지 않았다고 한다. 인생의 황금기는 육체적 절정에 이르는 젊은 시절에만 오는 것이 아니라 정신적 절정에 달하는 삶의 후반기에도 얼마든지 찾아올 수 있다는 것을 말해줌과 깨우쳐주는 말에 귀를 기울이게 한다.

그러나 막상 우리의 현실은 어떤가? 몇 년 전만 해도 60대로 들어서게 되면 흔히들 구겨진 은박지처럼 초라해진다고 했다. 그러나 지금은 인생 100세 시대로서 나이 개념이 달라지고 있다. 일본의 방송작가 에

이 로쿠스케는 자신의 저서 『대왕생(大往生)』을 통해 나이에 대한 색다른 계산법을 제시했다. 그의 방식에 따르면 자신의 나이에 0.7을 곱하라는 것으로 예를 들면 지금 나이가 60세라면 60×0.7=42세가 실제 나이라니 정말 우린 좋은 시대에 살고 있지 않은가.

무엇보다 우린 건강을 열심히 챙기며 잘 지켜야 한다. 건강함을 가지고 산다면 얼마나 큰 축복인가. 언젠가 나와 가까이 지냈던 친구가 암 투병 중에 들려준 말이 생각난다. 그녀가 말하길 사람들은 암환자라면 이미 생명의 의지를 잃어버리고 희미한 눈에 바싹 마른 몸으로 조용히 누워있는 사람을 상상하지만, 실제로는 가능한 한 예쁜 옷을 입고 예쁘게 화장하고 무슨 일이 있어도 병을 이기겠다는 의지로 빛나는 눈을 갖고 있다고 했다.

그녀는 암 투병을 하며 입원실에 하루만 누워있어도 부자나 가난한 자나 대학교수나 국회의원이나 결국 생명이라는 공동의 목적지를 향해 마치 풍랑 속에서 한배를 탄 사람들처럼 결연한 동지의식을 느낀다고도 말했다. 그리고 그곳에서의 화제는 이전에 관심을 뒀던 것들과는 확연히 다르다고 했다.

누가 어떤 방법으로 돈을 벌었는지, 누가 어떤 자리로 승진했는지, 정치권의 아무개는 왜 그런지? 누구 자식이 어느 대학에 갔는지 등과는 전혀 상관없는 말들로 세상이 다시 그려진다는 것이었다. 그만큼 살고자 몸부림치는 생명 앞에서 돈, 권력, 명예는 초라하고 무력한 것이다. 하나님이 주신 생명의 고마움을 잊지 말고 살아야 한다.

그러나 우리는 그 생명의 고마움, 소중함, 위대함과 감격스러움을 자주 잊고 산다. 잘 먹고 소화시킬 수 있다는 것이 그 얼마나 황홀한 경험인지, 자기 두 발로 걸을 수 있다는 것이 세상을 다 얻은 것처럼 위대한 일이며, 자기 두 눈과 귀로 보고 들을 수 있는 것이 얼마나 놀랍고 경이로운 것인지 잊고 살기 일쑤다. 결국 살아있음은 그 자체가 경이로움이요 감격이요, 황홀이요, 축복이다.

세월 따라 더해가는 나이가 중요한 것이 아니라 삶을 대하는 마음가짐이 더 중요함을 배워야 한다. 실제로 삶의 후반기에 맞이하는 황금기는 정신적 성숙에 의해 희망과 노력으로 더욱 값진 모습으로 다가선다는 것을 잊지 말고 살아가야 할 것임을 다짐 또 다짐해 본다.

50년 지기 친구

이른 새벽에 울어대는 '따르릉' 전화벨소리, 멀리 샌프란시스코에 사는 50년 지기 친구의 전화다. 잔뜩 가라앉은 목소리 속에 슬픔이 절어 있다. 간밤에 주무시듯 임종하셨다는 시아버님의 별세소식이다. 95세의 고령에도 얼마 전까지 손수 운전하시고, 집 뒤뜰에 오렌지, 배, 사과, 앵두, 레몬, 대추 등 탐스럽게 주렁주렁 달린 과수원을 손수 가꾸신 분. 부지런함과 낭만적이고 낙천적인 성품과 강한 정신력이 장수 비결일 것이다. 90을 넘게 사셨으니 호상이라 할 수 있지만 자손들은 아버님을 잃은 한없는 슬픔에 젖어있다.

15년 전 시어머님(아내)이 돌아가신 후, 자식들이 모시기를 권했지만, 극구 거부하심은 아내와 함께 살던 집에서의 추억을 기리기 위함이셨단다. 홀로 근검절약한 삶을 이어가심은 일찍이 미국 유학시절 갖은 고생 마다 않고 익힌 삶의 경험과 지혜가 큰 재산이셨다는 아버님의 생전의 모범적 삶을 닮고 싶다는 효심 지극한 친구.

인간은 우연히 태어나는 게 아니고 인연 또한 우연히 찾아오는 게 아닐 것이다. 그 인연을 통해 정을 나누고 나눔을 통해 우정이 두터워진 우리. 진실하고 겸손과 양보가 몸에 배인 친구. 자신에게 엄격하고 남에게 부드러움 속에서 살아온 우리의 인생길은 기쁨도 주고 때로는 슬픔도 주며 희로애락 세월 속에 그리움에 물든 우정을 키우며 우린 여기까지 왔다.

이웃에 살던 우린 등록금을 제때 못내는 비슷한 가난한 환경 속에서도 서로 다독거리며 기죽지 않고 공부에 열을 올리며 당당히 꿈을 키웠다. 여고를 졸업한 어느 날 친구는 멀리 태국으로 이민의 길에 올랐다. 6·25 발발 전 친구아버지는 무역회사의 중역으로 태국에 출장 중이었다. 6·25 전쟁이 터지자 그만 귀국 못하고 10여 년을 태국에서 가족의 거취를 찾으며 방황하다 현지 여인과 결혼하고 자식까지 둔 이방인으로 살아가면서도 생사를 알 수 없는 고국의 가족을 애타게 마음에 품었던 것이다.

이국에서 낯설게 가버린 세월은 그래도 냉정하지는 않았다 그의 가족을 드디어 찾아내는 데 성공했다. 아버지로부터 온 가족을 초청한다는 초청장이 왔다. 서울역에서 기차로 부산에선 배를 타고 많은 날들을 망망대해 파도를 가르며 기억도 가물가물한 아버지와 극적인 상봉은 그야말로 인생드라마다. 태국에 무사히 도착했다는 소식을 담아 보내온 편지를 읽으며 우린 그리움의 편지 쓰기에 열을 올렸다. 외국인 간호대학에 입학하고 야자수가 우거진 숲에서 멋진 포즈를 취한 사진을 보고 한걸음에 달려가고픈 마음을 달래며, 언제 우린 다시 만날 수 있을까 고민했다.

세상을 산다는 것은 힘든 산을 올라가는 것처럼 힘으로만 해결 될 수만은 없는 또 다른 어떤 것이 있는가 보다. 테레사 수녀는 '인생이란 낯선 여인숙에서의 하룻밤'이라고 했다. 생경하고 낯설고 춥고 고독하고 잠은 오지 않고 바람소리 쌩쌩 들리는 낯선 여인숙의 하룻밤, 어쩌면 우리가 사는 건 그런 것인지도 모른다. 간호대학을 졸업한 친구는 미국에 사는 이모의 중매로 미국에 와서 결혼을 했고, 나는 남편의 초청으로 미국 이민길에 올랐다. 그 옛날 가난 속에 수학여행 한 번 제대로 가보지 못한 우리가 미국 땅에 와서 살게 될 줄을 누가 알았겠는가.

'인생은 연극이다' 셰익스피어가 말했던가. 인생이란 연극 무대의 주인공으로 친구는 간호사로 한 병원에서만 40년을 근속했고, 나 또한 힘든 이민의 삶을 지나온 38여 년의 세월 속 그림자 위에다 열심히 수 놓으며 오늘도 보람된 삶을 살도록 베풀어주시는 하나님의 은혜에 감사한다.

보람이란 삶이 피워낸 가장 아름다운 꽃이 아닐까. 가슴 한구석엔 좀처럼 사그러들지 않는 세월의 흐름 속에서도 변치 않고 그 자리를 지켜온 50년 지기 친구. 우정은 날개 없는 사랑이었기에 이렇듯 동심, 호기심, 몰두, 열정, 기쁨, 희망은 내 몸 안에서 늙음을 막아주는 방부제가 분명하다.

인생의 반세기 50년 지기 친구와 난 가진 것도 없고 잘난 것 하나도 없어도 늙었다고 희망을 버리지 않는다. 세월 따라 숙성해가는 포도주처럼 그렇게 무르익은 우정으로 노년의 무료함에 점점 활기를 불어 넣으리라. 그리고 건강하게 행복하고 멋지게 오래오래 살아가고 싶다.

My Dance Competition

- by Elise Pepper, 9 year-old granddaughter

I had a nervous breakdown when my mom told me my first competition was in one week. I practiced once, then twice, and over and over again. I worked on my heal stretches, leaps, and splits 'til I had it completely perfect. After a few days past, my mom took my sisters, Katie and Mary, and me to my grandparents' house for one night.

The next day, my mom took us to Baltimore, Maryland. We stayed in a hotel for one night, then comes……. COMPETITION!

Finally, competition day. Katie and I are both doing competition, so we put our costumes on, put makeup on, and put our hair into a bun. We hurried out the door, and next thing you know you're on a stage. I did my dance first. "Welcome to the stage, contestants #35, PEBBLES!" My group counted off 5, 6, 7, 8 and ran to the stage. Finally the dance was over, I think we did well.

"Welcome to the stage, contestants #47, AMERICANO!" Here's my sister's dance. Next, the dance was over. All the competition girls (Pink Ladies), and other people we competed with sat on the stage. A man announced, "In the little girls/boys category, winners are - for 3rd place, the *Cheetah Girls*. In 2nd place, *Diva Women*. Finally, in 1st place······. *PEBBLES*!" We smiled really big and got our rewards.

할머니, 손녀, 할아버지

Unleash the Power of Age

- by Elise Pepper, 9 year-old granddaughter

My life without my grandmother would be a disaster. I have known her since I was just born. I still remember the spectacular days I stayed over at her house after preschool. I slept over at her house, because my older siblings, Judah and Katie, were at Elementary school, and their school ended a long time after mine.

A wonderful reason that my grandma is fascinating is because she travels, then gives me fascinating things. She absolutely adores traveling to Korea and brings us creative gifts that we can't get in the United States.

I also stayed over the summer at my grandmother's house, and we went hiking for over two miles! Then, she would give me delicious ice cream after, and put an extraordinary amount of whipped cream on top!

I know about a million interesting facts about her, she is 70 years old, and she lives outside of Washington D.C. She was a child in a family of six, and I am a child in a family of five, so we're very similar people. She affects me, because I'm in love with traveling! I've gone to the beach with her, dance competition in Baltimore, to my cousins' house in North Carolina, and lots of places.

From all these amazing and sad moments I've had with my grandma, I can't wait to learn more thoughtful facts about her as I get older!

손녀의 학습 견학 날

미소는 최고의 화장술이다

얼굴의 어원에서 읽을 수 있는 의미란 무엇일까. '얼'은 바로 정신적인 것, 그리고 '꼴(굴)'은 모양새라는 뜻으로 바로 '정신적 모양새'를 뜻한다고 한다. 지금 나의 정신적 모양새는 어떻게 비춰지고 있을까. 좋은 인상을 주기 위해 주름살을 없애느라 보톡스 주사를 맞거나 값비싼 화장품을 바르고 명품 옷에 신경 쓰는 것보다 훨씬 중요하고 늘 보여지는 것이 자신의 얼굴 표정일 것이다.

그렇다면 나의 표정은 과연 어떨까. 점점 볼이 처지고 늘어나는 주름살이 가끔은 나이 듦에 서글픔이 있지만, 긍정적인 마음가짐과 부드럽고 자신감을 가지려는 노력에 초점을 맞추는 삶에 오만하지 않으려고 한다.

1948년 미국 아이다호 주의 포카텔로에서 축제 기간 중에 웃지 않아 상대에게 불쾌감을 주는 사람을 체포하고 가짜 감옥에 수감한 후 기부금을 내야 출옥시켜 주는 법령을 만들었던 필립 시장의 이야기는 유명하다. 그 후 1987년 시청 직원이 이 해프닝을 신문사에 투고하여 포카텔로는 미국의 '스마일 수도'로 정해지기도 했다. 정말로 웃지 않으면 체포된다는 법이 생긴다면 우리가 사는 이 사회가 점점 밝아질 것이란 허황된 생각에 젖어 보면서 혼자 미소 지어 본다.

뛰어난 웅변술로 유명한 나폴레옹은 혼자 있을 때면 거울 앞에서 당시 유명 배우들의 표정과 말을 연구하며 말과 표정에 또 감정을 싣는 법을 연습했다고 한다. 그러는 나도 다섯 손주들을 만나러 가는 날이면 손주들이 아기 때 끔찍이 좋아하고 즐겨 쓰던 인사말을 기억해 내고 그들이 좋아하는 것을 미리미리 준비하느라 고심하곤 한다. 특별히 손주들에게 인기 있는 할머니로 점수를 따야 할 때니까.

만나는 순간 흔히 쓰는 '하이(Hi!)' 인사말보다는 정감과 애교 그리고 웃음 가득 실어 '까~꿍' 하고 인사하면 저마다 화답하는 손주들의 갖가지 얼굴표정과 '까~아꿍 까꿍…' 합창이 얼마나 귀엽고 신선한지. 그 순간 속에 터져 나오는 웃음바다는 만남의 반가움과 행복의 절정 순간이다. 손주들과 만남의 시간이 즐겁고 환한 미소가 번지는 그 순간을 위해서 거리를 마다 않고 찾아가는 할머니다.

그리고 이어지는 만남의 속에는 "할머니 밥과 김치 그리고 갈비를 오늘 먹을 수 있는가?"가 강권적으로 할머니를 졸졸 좇아다니며 묻는다. 물론이다. 할머니의 방문은 그들에게 입맛을 즐기는 날이기에 마냥 기다렸음이 분명하다. 그들이 좋아하는 김치를 담고 질 좋은 갈비를 듬뿍 사다 갈빗살이 부드러우라고 양면으로 두들기고 칼집을 내어 그들의 입맛에 맞도록 양념을 해 아이스박스에 조심스럽게 담아왔다. 갈비를 오븐에 알맞게 구어 밥과 김치, 갈비와 김을 접시에 내놓으면 저마다 식탁에 앉아 맛있게 먹는 그들의 모습을 바라보는 할머니 마음은 흐뭇하고 얼마나 행복한지. 주로 양식을 먹는 그들이 가끔씩 먹는 한

식이 너무 좋아 할머니가 머무는 동안 아침, 점심, 저녁 세끼를 똑같은 메뉴로도 물리지 않는 그들은 틀림없는 그들의 엄마가 한국인이기에 매운맛과 양념한 갈비를 즐기는 것이리라. 딸과 사위(미국인)가 결혼 전 데이트 할 때 반대가 심하니까 우리 부모한테 잘 보이려고 냄새가 심한 된장찌개도 서슴지 않고 먹는 인내심을 발휘(?)해선가, 이제 내 사위가 된 후에는 절대 된장찌개는 입에 대지 않는 솔직함을 내보여서 식사 때면 된장 에피소드에 웃음을 짓곤 한다.

한식을 즐겨먹는 털털한 성격에 어찌나 매운 것을 좋아하는지. 항상 웃음을 잃지 않는 유머가 풍부한 내 사위, 언어소통의 부족함에도 쉽게 설명을 해주는 자상함도 있어 딸에게 물어보지 못하는 것도 살짝 물어보면 서슴지 않고 응해주는 살가움도 있다. 무엇보다 내 딸에게 잘해주니 고맙고 다섯 아이의 아빠로서도 가정에 충실하니 무엇을 더 바랄 것인가. 가족의 행복은 화합이요 늘 웃음 지으며 산다는 것은 복됨을 말하고 웃음은 무엇과도 바꿀 수 없는 건강과 행복으로 가는 지름길이요 또한 웃음은 최고의 화장술임을 잊지 말고 늘 미소 지으며 멋지게 살아가는 복된 삶이면 좋겠다. 오늘도 그런 얼굴의 의미를 되새기며 웃는 모습을 지어본다.

세상에서 가장 아름다운 단어

5월의 싱그러운 향훈은 벌써 짧은 팔소매의 옷을 걸치게 하고, 온 천지를 초록색으로 요동치는 5월의 푸르름은 하루하루가 다르다. 오늘 아침 이메일을 체크하던 중 친구가 보내준 좋은 글이 있어 나누고 싶어 옮겨본다.

이 세상에서 가장 아름다운 영어단어를 앙케이트로 조사했더니 가장 아름다운 영어단어는 'Mother(어머니)'가 뽑혔다고 한다. 두 번째는 'Father(아버지)'였으면 좋겠으나 아버지가 아닌 'Passion(정열)', 세 번째는' Smile(웃음)', 네 번째는 'Love(사랑)'가 뽑혔으며, 다섯 번째는 Eternity(영원), 여섯 번째는 Fantastic(환상적), 일곱 번째는 Destiny(운명), 여덟 번째는 Freedom(자유), 아홉 번째는 Liberty(자유), 열 번째는 Tranquility(평온), 그러나 Father(아버지)는 다섯 번째도 열 번째도 없었다고 한다.

이것으로 보아 '여자는 연약하나 어머니는 위대하다'는 말이 실감 나게 한다. 동물의 세계는 어떤가. 간밤에 헛간에 불이 나서 나가보니 수탉들은 다들 밖으로 뛰쳐나갔는데 병아리를 품은 어미 닭은 까맣게 타

죽고 어미 품속의 병아리는 살아남았다고 한다.

어머니의 따뜻한 품, 어머니의 그 깊고 깊은 사랑을 무엇으로 측량할 수 있겠는가? 꽃의 향기는 백 리를 가고, 술의 향기는 천 리를 가고, 사랑의 향기는 만 리를 가고도 남는다고 한다. 그러면 나의 어머니의 향기는 수없이 건너온 세월의 강가에서도 잊혀지지 않는 눈물의 꽃이 되어 가슴에 피어오는 삶의 향기가 영원하고도 영원할 것임을 안다.

'내가 성공을 했다면 오직 천사 같은 어머니의 덕이다'라고 말한 에이브러햄 링컨의 말처럼 오늘의 나의 삶은 어머니의 극진한 사랑과 언제나 미소 지어주시던 나의 어머니의 덕이다. 특히나 화내는 얼굴은 아는 얼굴이라도 낯설고, 웃는 얼굴은 모르는 얼굴이라도 낯설지 않다고 늘 말씀하시던 어머니, 또한 찡그린 얼굴은 예쁜 얼굴이라도 보기 싫고 웃는 얼굴은 미운 얼굴이라도 예쁘다고 어릴 때부터 늘 말씀으로 교훈 주시던 어머니의 무한한 사랑에 두고두고 감사하지 않을 수 없다. 열정이 있다는 것은 삶의 의욕이 있다는 것, 어떤 어려움이 와도 열정이 있어야만 다시 시작할 수 있음을 말하지 않는가.

푸르름의 5월 가정의 달을 맞아, 어머니날만이 아닌 더불어 사는 인생길에 영원히 미소 짓는 날마다의 삶이기를 소원한다.

단풍이 곱게 물드는 가을에

분첩을 꺼내든 것처럼 나뭇잎들은 고운 빛깔로 물들이며 가을의 중심을 넘고 있다. 또 가만히 귀 기울이면 들녘을 밟고 오는 바람 소리에 고개 숙이는 계절 속에 아침저녁으로 선선한 공기가 한여름 무더위에 지친 세포마다 생명의 기운을 불어넣어 주는 참으로 계절의 흐름이 신비롭다. 마치 세상의 주인이 자기들인 양 오만하게 휘둘러온 인간들의 온갖 횡포로 인해 '이상기온'이니 뭐니 해도, 계절은 의연하게 제 갈 길을 간다. 봄 지나 여름, 그리고 여름 지나 가을…. 창조주의 '거룩한 뚝심'이라고나 할까.

펼쳐진 눈부신 억새의 물결 속의 바람이라도 불면 사그락사그락 박자 맞춰 노래하는 그야말로 은빛 억새로 출렁대는 가을 잔치가 한창이다. 마을 안 건넛집 뒤뜰엔 감나무마다 알알이 고운 붉은 등을 내걸기 시작했고, 넘어질 듯하면서도 무리 지어 다시 일어나는 가을바람 선율에 맞추는 억새의 춤사위 속에 우리의 삶의 선율을 느껴보게도 한다.

가을은 뭔가를 생각하게 하지만 욕망을 갖게도 하는 계절이다.

프랑스의 과학자이면서 철학자인 가스통 바슐라르(1884~1962)는 "참다운 삶을 살려고 하면 겸손하여야 한다. 자기의 삶을 너무 화려하게 포장하려고 하면 그는 더 이상 참다운 삶을 살 수가 없다"고 말했다. 그래서 인간은 겸손하고 성실하게 살아야 자기 성장과 충족을 가져올 수 있다고 이 가을에 생각해 보기도 한다.

옛 속담에 "봄 일은 며느리 시키고 가을 일은 딸 시킨다"는 말도 있듯이 가을 햇살은 봄 햇살보다 훨씬 부드럽다. 높고 푸른 하늘에서 불어오는 시원한 바람이 가슴을 파고들 때 대부분의 사람들은 뜬구름에 빠지지 않을 수 없을 것 같다. 사실 매년 맞이하는 가을이 새삼스러울 것도 없지만, 요즈음 난 가을이 사뭇 새롭게 다가온다.

예전에 느끼지 못했던 세세한 변화들이 삶을 지배하는 것을 알았기 때문이 아닌가 싶다. 젊었을 때에 가졌던 꿈들이 시간이 지남에 따라 그 가치의 변함을 알게 되었고, 행복과 아름다움은 무엇보다도 첫째로 당연히 건강이 최우선이어야 하고, 진정성과 참됨과 진실함 속에서만 존재할 수 있음을 더 깨닫게 된다. 사람들은 고통의 날에 처에 있을 때 무섭도록 외로움을 느낀다고 한다. 나도 예외는 아닌가 보다. 갑자기 불어닥친 나의 건강 이상으로 정말 원치 않은 어려운 수술을 받고 요양 중에 느낀 나의 삶이 왜 이리 쓸쓸하고 때로는 우울함과 서러움이 많은지…….

그렇게 좋아하던 가을이었건만 금년 가을은 근엄한 표정으로 나에게도 한 해의 결산서를 요구하는 것 같다. 모래알처럼 빠져나간 건강했던 그 젊음이 마냥 그립고, 더욱이 건강하게 열매 맺는 삶을 살았어야 하는데 그렇지 못하니 말이다. 감사하게도 내가 고통 중에 빠져 있을 때 바라만 보아도 강 같은 평화를 안겨준 기도의 친구들, 음식 보따리 챙겨주며 제때제때 식사하라고 당부하는 모성애를 느끼게 한 분들, 꽃바구니와 격려 카드를 보내어 위로해준 분들. 많은 위안의 사람들이 나를 찾아 주었다.

그들을 가졌다는 것은 귀한 보물을 가진 것처럼 나를 행복하게 했으며 힘든 상황에서도 용기를 주신 모든 분들에게 고마움을 전한다. 특별히 어려운 수술을 성공적으로 회복시켜 주신 하나님의 은혜에 한없이 감사하지 않을 수 없다.

이제 온 천지가 단풍으로 곱게 물들면 난 다시는 기억하고 싶지 않은 그 아픔과 그 고통, 그 힘겨웠던 시간들을 훨훨 털어내고 오랜만에 화사하게 치장(?)하고 남편과 모처럼의 나들이를 즐길 것이다. 그뿐인가. 친구들과 수북이 낙엽 깔린 오솔길을 따라 밀린 얘기로 꽃피우며 마냥 걷고 또 걸으리라. 진정으로 나의 삶이 더 이상 후유증 없는 건강한 삶 속에서 감사와 찬양이 넘쳐나는 오늘과 내일의 삶이기를 기도한다.

가을 속을 달리는 기차

온 세상을 황금과 붉은 색으로 물들이며 가을 단풍이 절정을 향해 치닫고 있다. 난 바람결에 스며드는 가을빛이 막 나뭇잎에 찾아와 푸르름이 화려한 단풍으로 변하기 시작할 무렵 뉴욕에서 노스캐롤라이나로 이어지는 앰트랙 79번을 타기위해 알렉산드리아 기차역에 서 있었다. 30분이나 늦장을 부리고도 무슨 벼슬이라도 한 양 기차는 '뿌우웅' 기적 소리를 요란하게 울리며 역으로 들어온다. 친절한 승무원들의 안내로 기차에 올랐다.

차창 쪽으로 자리를 정하고 앉자 79번 기차는 역사를 천천히 벗어나며 남쪽으로 달려간다. 장장 8시간 넘게 걸린다는 목적지 Kannapolis 역까지는 열여섯 번째 정거장이라니 느긋하게 책 두 권과 먹거리는 충분했고, 덜커덩거리는 기차 안은 좌석이 텅텅 비어 호젓하니 가을 하늘 같은 자유로움 속에 혼자 하는 기차여행도 별난 맛이 있어 좋기만 하다. 힘차게 달려가는 열차에 발맞추듯 가을이 따라오고 있었다.

차창 밖으로 푸르른 평야가 신선한 충동감을 안겨주며 황금빛으로 누렇게 변한 들판은 가을 햇살을 받아 한 폭의 수채화를 그려내고 있다.

간이역마다 타고내리는 승객들을 바라보며 서민들의 애환이 담긴 얼굴 표정들이 있어서 정답고 호기심이 간다. 청춘은 청춘들대로, 나이 든 이는 나이 든 대로 시간의 흐름을 음미하기에 적격인 계절이다. 청춘은 사랑을 이어갈 것이고 중년의 가을은 추구할 것과 정리할 것을 다듬는 계절이기도 하고, 노년의 가을은 흩어지는 낙엽에 민감하게 받아들일 수 있으나 반면에 지나온 생을 반추하기에 알맞은 계절의 기차 여행이 아닌가.

지루함 없이 목적지에 도착했다. 보슬비가 내리는 어둠이 깔린 밤이다. 마중 나온 딸과 만나는 플랫폼의 포옹은 낭만에 흠뻑 젖는 기쁨을 더해준다. 오랜만에 만난 손주들이 할머니의 방문을 무척이나 고대했나 보다. 방방 뛰며 매달리고 볼에 뽀뽀하며 좋아라 야단들이다. 말이 없는 사위도 함박웃음으로 다가온다.

딸네 나들이 올 때면 그들이 좋아하는 것을 미리 전화로 물어보고 잔뜩 싸가지고 오는 즐거움도 있다. LA갈비 맛을 즐기는 그들을 바라보기만 해도 엄마 마음은 좋기만 하다. 딸은 엄마와 지낼 열흘간의 일정을 알차게 준비한 듯 매일매일 이곳저곳을 관광시켜준다.

하늘에는 야들한 햇 이불솜을 간간이 찢어 내던진듯한 흰 구름이 두둥실 떠 있는 화창한 날 우린 도심지를 벗어난 한적한 가을 길을 달려

이름난 동물공원으로 들어갔다.

울안에 갇힌 동물원이 아닌 온통 들판에 자유로이 거니는 동물들의 천국을 차로 천천히 정해진 코스따라 움직이며 코끼리, 사자, 타조, 사슴, 호랑이 등등 갖가지 동물들 중 유난히 목이 긴 기린이 우리 차를 가로막고 아이들은 차창 문을 열고 먹이를 주며 지르는 환호성은 하늘을 찌른다. 동물원투어를 마치고 동물공원을 빠져나오자 아이들은 고단했던지 차 시트에 기대자마자 단잠에 빠지고, 딸과 둘만의 오붓함 속에 사람이 사는 일, 사는 삶이 무엇인가? 란 주제로 서로의 의견을 교환했다.

꼼꼼한 성격의 딸은 세 아이의 엄마로서 너무나 피곤하게 사는 것 같아 꼭 해야 할 이야기를 꺼내본다. “남들같이 가진 것이 많지 않으나 가진 것에 만족하고 너무 빡빡하게 사는 삶보다 좀 느긋하게 차 한 잔이라도 마시면서 뭔가 대화도 나누고 조금은 여유를 가지며 사는 삶, 그것이 우리의 삶의 질을 높이는 것이고, 행복을 부르는 삶이 아닐까?” 라고 목소리에 힘을 잔뜩 실었고 딸은 고개를 끄덕이고 모처럼 딸과의 대화의 광장을 넓혔다.

어느 정신과 의사가 말하기를 불행하게도 정신질환자는 대개 부유한 가정 출신이 많다고 한다. 부가 결코 행복이나 만족감까지 가져다주지 못하는 것 같다. 돈이 다정함을 대신할 수 없고 권력도 다정함을 대신할 수 없다는 뜻이다.

또한 행복은 진정 마음의 거울에 비쳐진 자아의 모습에서 찾을 수 있는 것이지 결코 누가 어떻게 마련해 줄 수 있는 것은 아니다. 그러기에 더욱 어떠한 세속적 고통이나 어려움 속에서도 삶이 가치 있는 것이라 믿는 이야말로 정말로 행복한 사람일 것이다. 라는 말도 잊지 않았다.

드높은 가을 하늘과 더불어 점점 곱게 단풍이 물들던 날 열흘간의 휴가를 보내고 작은 딸네의 배웅을 받으며 기차에 올랐다. 시야에서 멀어질 때까지 손 흔들며 서 있는 딸 가족의 밝은 미소를 보며 진정한 삶의 기쁨과 끈끈한 사랑을 느끼면서도 난 바보같이 눈물이 주르르 흐른다. 소풍 가는 아이에게 준비하듯 정성껏 담아준 딸의 점심을 꺼내 먹으면서도 난 왜 이리도 마음이 아릴까. 가까워도 멀어도 가슴 아리게 하는 이별을 대신하듯 기적 소리는 여운을 길게 남기며 무심히 떠나간다.

마구 뿌려대던 비도 말끔히 그친 상쾌한 아침에 또 한 번의 가을 기차여행에 나섰다. 동문들이 함께 웨스트버지니아로 달려갔다. '포토맥 이글' 기차에 몸을 싣고 단풍 진 산허리를 돌며 차창 밖으로 펼쳐진 호숫가 수면엔 푸른 가을 하늘이 깊게 깃들어있고 무리 지어 노니는 검정 소들은 냇가 깊은 곳에 그 큰 몸들을 풍덩 담그고 의젓이 앉아있는 모습을 바라보면서 동요로부터 가곡으로 이어지는 분위기는 얼마나 뜨겁고 즐거웠는지. 여고 동창이란 언제나 편안한 분위기를 연출하며 동심의 세계를 넘나들 수 있으니 행복하다.

이제 얼마 동안은 철길을 구르는 바퀴 소리가 귓전을 맴돌 것이며 가득히 몸속에 엔돌핀을 채우는 풍성함과 결실의 계절 속에 마음의 무늬가 아름다운 한 폭의 풍경으로 남아 내 주위의 모든 이에게 짙은 서정을 불러일으키는 사람으로 남고 싶어진다.

제7부

여행기

아름다운 하롱베이와 황톳물 메콩강

마치 눈이 날릴 것 같은 엄청 추운 날이다. 뜨거운 태양 아래 온갖 인종들이 희희낙락 즐기는 관광객 틈에 끼어 얼마 전에 다녀온 베트남의 추억 속으로 가보고 싶어진다. 40여 년 전 4년이란 긴 세월을 남편이 머물렀던 곳이고 언젠가는 꼭 가보고 싶어 했던 나라로 모처럼 남편과 함께한 고국나들이를 이어 그 꿈이 이루어진 날이다.

인천공항을 벗어난 비행기는 5시간 만에 베트남 하노이 국제공항에 도착했다. 늦은 시간인데도 대로엔 베트남 전통모자인 '농'을 쓴 사람들이 온통 오토바이 물결을 이루고 자전거, 택시, 시클로가 한데 어울려 세월아 네월아 너는 너대로 나는 나대로 무질서 속에서 달린다. 하노이 시내에서 차로 달려 4시간 반 만에 베트남의 제1의 명승지요, 바다의 구이린(桂林)이라고 불리는 하롱베이에 도착했다. 긴 세월을 걸쳐 자연이 조각해 낸 하롱베이. 날카롭게 깎아지른 듯한 바위, 절벽을 이루고 있는 작은 섬들 그리고 환상적인 동굴이 있는 섬들이 기후나 태양 빛의 변화에 따라 그 모습과 빛깔이 묘하게 바뀌는 광경들이 절경이다.

하롱베이! 하(Ha)는 내려온다, 롱(Long)은 용이라는 뜻. '하롱'이란 지명은 바다 건너에서 쳐들어온 침략자를 막기 위해 하늘에서 용이 이곳으로 내려와 입에서 보석과 구슬을 내뿜자 그 보석과 구슬이 바다로 떨어지면서 갖가지 모양의 기암(奇岩)이 되어 침략자를 물리쳤다고 하는 전설에서 유래되었다고 한다.

하롱베이의 기묘한 수많은 섬 조각의 세계에는 귀부인, 물개, 키쓰바위, 엄지손가락 등 이름이 붙어있는 기암만도 1,000개가 넘는다. 하롱베이 전망대 섬으로 가는 뱃길 곳곳에는 맛 좋기로 유명한 생선 '다금바리'와 팔딱팔딱 뛰는 갖은 활어 해상상점이 즐비하게 떠 있고 우리가 고른 생선을 맛있게 뱃사공 요리사가 한 상 차려준 음식은 정말 맛있었다. 노래방까지 갖춘 선상에서 각자 자기의 18번을 골라 목청을 뽐내기도 했다.

호치민 광장

간신히 일행의 꽁지로 숨이 차게 헐떡거리고 오른 전망대에서 사방을 보니 겹겹이 수많은 뾰족뾰족한 섬들이 얼마나 환상적인지 정말 베트남의 보배요, 세계 7대 경관에 들어있음에 나무랄 데가 없다. 하노이 시내 바딘 광장에 자리 잡은 월맹의 지도자 호치민이 잠들어있는 기념관 앞에서 짝지어 사진 찍느라 분주했고 묘한 향냄새가 풍기는 한기둥 사원과 호암끼엔 호수 주위에는 놀러 나온 현지인들과 관광객으로 인산인해 속에 날씨는 어찌나 무덥던지.

하노이 관광일정을 마친 우린 호치민(전 사이공)으로 가는 비행기에 몸을 실었고 2시간 만에 호치민공항에 도착했다. 하노이 도시 전체는 어둡고 칙칙해 보였고 무뚝뚝하고 차가운 인상의 하노이 사람(아직도 사회주의 영향 탓?)에 비하면 호치민 시내는 화려한 네온사인 불빛에 높은 빌딩 숲을 이룬 경제성장지로 발돋움한 것 같고 사람들의 표정도 얼마나 밝던지. 곳곳에 한국식당이 많고 특히나 족발, 라면, 김초밥이라고 쓴 한국 간판이 심심치 않게 보인다.

베트콩들이 타고 다니던 정크선을 타고 메콩 강의 밀림을 돌아본 날이다. 따가운 햇살을 가려주는 야자수와 시원한 바람, 맑고 푸른 하늘 밑에 좁은 수로를 따라 베트남 여인들이 노 젓는 대로 굽이굽이 물살을 갈랐다. 낭만 물씬 풍기는 한 폭의 수채화를 그리며, 마치 아프리카 밀림 속인 것 같은 착각 속에서 저절로 흘러나오는 멜로디, 쪽배마다 흥얼흥얼 노랫소리가 들리는 그 밀림 지역이 바로 베트콩들의 소굴이요, 지옥 같았던 전쟁터가 바로 여기 밀림이었다니 놀랬다. 베트남 최대의 전적지 지뢰밭, 무시무시한 구찌의 지하 베트콩 사령부현장과 사이공의 전쟁 박물관을 둘러보며 슬픔과 분노를 자아내는 역사가 고스란히 그곳에 있음을 보았다.

베트남 전(戰) 당시 미 국방장관을 지낸 로버트 맥나마라의 회고록 서문엔 "우리는 잘못을 저질렀다. 중대한 잘못을 우리는 세계의 후세 세대들에게 왜 우리가 그토록 끔찍한 잘못을 저질렀는지 설명해야 할 빚을 지고 있다"고 적고 있다. 인간이 한낱 짐승처럼 사살되고 아름다운 국토가 초토화되던 그 역사는 분명 오류였다. 오랜 전쟁으로 찌들었던 남북 베트남이 통일로 이룬 자유의 베트남에서 하롱베이와 메콩강을 돌아볼 수 있는 행운을 가지며 내 조국은 언제 남북이 자유로이 오갈 수 있는 통일의 그 날이 올 것인가 안타깝다.

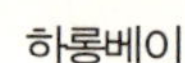
하롱베이

메콩강의 밀림

광활한 광야의 돈드고비

땅만큼이나 하늘이 많이 보인다. 하늘을 가릴 것들이 없으니까 굳이 고개를 들지 않더라도 온통 보이는 것이 하늘과 구름뿐이다. 지난 7월 중순 초원과 사막의 나라 몽골을 다녀올 기회가 주어졌다.

해발 고도 1,300m의 초원성 고원지대에 위치한, '붉은 영웅'이라는 뜻을 가진 몽골의 수도 울란바토르는 아직까지 개발이 덜 돼 높은 건물도 그다지 찾아볼 수 없었고 건물이라고 해도 어떤 장식이나 기교 없이 그저 네모반듯하기만 해 지나치게 검소했다.

우린 몽골의 중심부에 위치한 돈드고비를 향해 봉고차 두 대에 나누어 타고 달려갔다. 하늘은 새하얀 구름을 걸쳐 입고 상상과는 달리 푸른 초원이 아닌 광활한 광야 속에 저 멀리 양 떼가 무리 무리 지어 있고 건너편 게르(Ger. 몽골의 전통가옥 : 둥근 천막)에서 흰 연기가 가늘게 피어오르는 것을 보노라면 마치 오랜 친구를 만난 듯 친근감이 생긴다.

간간이 낙타의 무리들이 어슬렁거리며 모여 있고 고비 곳곳에는 자갈 모래 언덕과 특이한 바위산으로 둘러 있어 시선을 멈추게 한다.

끝없이 광활한 광야지대를 길도 없이 먼지 바람을 일으키며 한참 달리다 보면 길을 잃기 십상이다. 사막 한가운데 비포장도로를 달릴 때는 실로 죽음(?)이었다. 어찌나 들썩거리던지 몸은 좌충우돌, 웅덩이를 한 번 지날 때면 몸이 붕 떠서 천정에 머리를 찧기 일쑤였는데 시차 관계로 피곤했던 우린 그 흔들림 속에서도 잠에 곯아떨어지다 소스라치게 놀라기도 했다. 에어컨 없는 차 안의 불볕더위를 이기지 못해 달리는 봉고차 창문을 잠시 열면 흙모래 먼지가 차 안으로 습격해 반드시 마스크를 착용해야만 했다.

그런데 이상한 것은 대낮에도 술에 만취해 게르 안에서 웃통을 벗고 낮잠을 자는 게으른 가장들이 태반이라는 사실이었다. 그러니 가난을 면치 못함은 당연한 것이고 여인들이 무엇으로 가정을 꾸릴까 가엾기까지 했다. 이곳 몽골에서는 배가 불룩하게 나올수록 남성으로서의 매력이 있다고 하는데 웃통을 벗은 채 배를 쓱쓱 문지르고 다니는 남성들이 주를 이루어 쳐다보기도 민망하다. 이것이 몽골의 전통문화라니 별스런 전통도 다 있다.

2~3시간 정도 돈드고비를 달리다 보면 드문드문 나타나는 작은 마을엔 보통 200~300명의 주민이 고작이다. 물이 얼마나 귀한지 먼 곳까지 가서 물을 사오는데 그것도 자전거를 이용하거나 그마저도 안 되

면 걸어가서 사오는 형편이니 그 환경이 너무나 안쓰럽다. 얼굴을 닦는 것 그건 정말 사치에 가까운 일이어서 우린 겨우 물티슈 한 장으로 얼굴을 정리해야 했다. 그나마 양치질은 겨우 할 수 있었는데 찜통 같은 날씨에 끈적끈적한 땀내를 서로 풍기며 2주 동안 누가 잤는지도 모르는 침낭에 몸을 담고도 적응할 수 있음에 감사했다. 우리가 사는 미국은 정말 지상 천국이요, 잠시 잠깐의 불평불만도 있을 수 없는, 날마다 감사의 생활이어야 함을 깨닫기도 했다.

어느 나라 사람에게나 시대를 초월하여 변하지 않는 신앙이 있다. 몽골의 사막 곳곳에는 그들이 신봉하는 신(神) '어워'가 있는데 옛날 우리나라 시골에서 보던 성황당과 비슷한 것으로 물과 하늘을 상징하는 푸른 천(하닥), 말머리 뼈, 돌들로 쌓여 있다. 자신이 타던 말이 죽으면 머리를 어워에 갖다 놓는 대지 숭배의 발자취란다. 샤머니즘을 타파하는 길이야 말로 몽골을 살리는 길이라고 생각한다.

끝없이 이어지는 광활한 광야를 달리는 동안 생리적인 난관에 닥쳤을 때 처음에는 어색해하며 움찔거렸던 우리들은 차츰 시간이 지나자 키가 조금이라도 있는 야생화 무리 뒤에 아무렇지도 않게 노상방뇨를 적당히 해결할 정도로 그 환경에 익숙해지기도 했다. 삭막한 사막 위에 간간이 나타나는 초지와 들꽃, 하늘과 구름밖에 없는 몽골의 광활한 광야 속에서 훼손되지 않은 자연의 공기를 마시며 마치 내 머리 위로 마구 쏟아질 듯 강렬한 빛을 발하는 무수한 별들의 향연을 감탄하지 않을 수 없었다.

몽골의 전통가옥 게르 앞에서

돈드고비 도청 소재지인 만달고비로 달려가는 길목엔 그림으로만 보던 광활한 초원이 펼쳐져 있었다. 지역적으로 비옥해서일까. 그간의 광활한 광야의 삭막했던 분위기가 싹 사라지고 푸른 초장에 거니는 양 떼들, 소 떼들, 염소, 낙타들이 잔잔한 물결을 이루는 푸른 오아시스 물가에서 한가로이 풀 뜯는 풍경은 마치 한 폭의 그림 같았다.

이름 모를 들풀과 갖가지 야생화를 바라보면서 창조주 하나님께서 이 몽골 땅을 너무 사랑하고 계심을 알게 되었고 앞으로 이 땅에 펼쳐질 무한한 희망을 보게 되어 푸근함이 넘쳐났다.

울란바토르로 되돌아가는 길에 조마조마했던 타이어가 결국 펑크 나고 말았다. 불볕더위 사막 한가운데에서 장장 열다섯 시간 동안 기다림과 배고픔에 지쳐 쓰러질 것 같았지만 사도 바울이 광야를 걸으며 전도여행 한 것에 비하면 우린 안일한 전도여행이란 생각에 젖으며 서로를 위로하기도 했다.

광활한 광야 돈드고비의 열악한 여러 지역을 돌며 몽골 단기선교의 일원으로 각자 맡은바 사역에 충실할 수 있는 기회 주심을 감사한다. 만나는 한 사람 한 사람 현지인들의 눈망울 속에 주님 살아 계심을 알게 하시고 사역지를 옮겨 다닐 때마다 웃음 주시고 하나 되게 하여 주심과 건강을 허락하여 주신 하나님의 무한한 사랑에 감사한다.

마야의 유적지 팔렌케(Palenque)와 정글마을

멕시코 남부의 과테말라와 국경을 대고 있는 치아파스(Chiapas)주로 2주간 단기선교를 다녀왔다. 해발 2,100m의 고원 밀림지역 계곡에 외따로 떨어진 인구 10만 명이 채 안 되는 조그만 도시 산크리스토발(San chistobal)은 하얀 벽돌담, 붉은 타일의 지붕, 조약돌로 포장이 된 좁고 구불구불한 작은 골목길 등 매우 인상적인데 멕시코의 여느 도시와 마찬가지로 아름다운 성당이 많다. 16세기 식민시대의 건물이 많이 남아있을 뿐더러 인디오 고유생활 풍습이 잘 보존되어있는 도시로 관광객의 발길이 끊이지 않는 곳 같다.

광장과 붙어있는 1,560년 건축의 산토도밍고 성당은 16세기 바로크 건축의 진수를 보여주는 건물로 유명하며 주변 광장과 골목길은 가지가지 인디오들의 전통 수공예품들이 가두판매로 빼곡하고 그 틈을 비집고 다니는 관광객 틈에 끼어 하루 나들이를 나섰다. 인디오 전통 자수기법의 아름다운 색깔로 예쁘게 수놓은 순면의 잠옷을 100페소(8불)를 주고 샀는데 멕시코에서의 추억이 듬뿍 담겼기에 이 잠옷을 입으면 절로 잠 삼매경에 빠지는 수면제가 되리라 생각하니 쇼핑은 제일로 잘

한 것 같다.

하루는 과테말라 국경을 넘는데 비자를 받는다든가, 아무 제재 없이 자유로이 과테말라 국경을 넘자 툭툭이(세발 자동차)가 어찌나 많고 붐비는지, 길가에 즐비한 상점엔 가지각색의 상품이 진열되어 있어 관광객의 발걸음을 멈추게 한다. 과테말라 방송국을 방문하면서 우리 일행은 찬양을 부르며 방송전파를 타기도 했다.

문화 탐방의 날이다. 꼬미딴에서 그리 멀지 않은 유명한 Chiflon 폭포(일명 면사포폭포)로 향했다. 폭포 주위에 피어오르는 멋진 무지개에 취해 힘든 줄 모르고 폭포 바로 앞까지 오르고, 폭포는 마치 신부의 우아한 면사포를 입혀놓은 것 같았다. 폭포에서 떨어지는 물보라에 온몸은 흠뻑 젖은 생쥐가 되었고 무더운 날씨는 젖은 옷을 금세 말려준다. 또 버스를 타고 달리는데 소박한 마야의 냄새가 물씬 풍기는 평화스러운 풍경이 정겹다. 팔렌케 표시판이 눈에 들어오고 곳곳엔 막 도시 정비를 하는 모양인지 온통 길거리는 공사판으로 어수선하다. 하지만 도시를 벗어나니 바로 밀림이요, 이름 모를 거목들이 빼곡히 들어서 있고 곳곳의 옥수수밭엔 푸르름이 무성하다. 또 팜트리엔 풍성한 이파리 사이사이로 탐스런 열매가 주렁주렁 열려있고, 앞서가는 낡은 트럭은 바나나를 가득 싣고 달려간다.

팔렌케는 그다지 주목받지 못하던 유적으로 지각변동과 뒤덮인 정글의 나무들로 800여 년간 방치되어 있다가 20세기에 들어와 고고학자들의 관심을 끌게 되었다고 한다. 이곳의 사람들이 살기 시작한 것은 BC 300년경이라고 하는데 전성기를 이루었던 AD 600년에서 900년 사이에 이 지역을 통치하였던 마야족 파칼왕(King pacal)의 무덤이 발견되면서 주목을 끌게 되었다고 한다.

꽤 넓은 지역에 흩어진 수십 묘의 신전, 왕궁, 피라미드들이 산재해 있는데 특히 비문의 신전으로 알려진 피라미드의 내부가 발견되면서 전 세계 고고학자들의 비상한 관심을 끌게 되었다. 수많은 신전 외에도 가운데 4층 전망탑이 있는 왕궁터, 태양의 신전, 나뭇잎 십자가 신전, 십자가 신전, 재규어의 집 등이 있으며 특히 경기에서 이긴 팀 주장의 심장을 꺼내 신에게 바치고 또 그것을 최고의 영광으로 생각했다는 볼 경기장도 굉장히 크고 거의 완벽하게 보존되어 있다.

마야인들에게 있어 십자가(Cruz)는 "생명의 나무"를 의미한다고 한다. 팔렌케 유적은 전체적으로 비교적 규모가 크고 잘 정비되어 있다는 느낌이었는데 마침 수리중인 데가 많아 내부로 들어가 볼 수 없는 것이 무척 아쉬웠다.

꼬미딴에서 8시간이나 떨어진 이스라엘리따 마을로 들어가는 길이 어찌나 험한지 큰 짐짝 같은 네 바퀴가 달린 특수 트럭이어야 하는데, 그야말로 정크장에나 가야할 자그마한 트럭 운전석 옆에 둘이 끼어 앉아, 엉덩방아 찧어가며, 한 켠은 낭떠러지고 울퉁불퉁한 돌짝길로 엔진이 수시로 꺼지고, 또 발동시켜서 겨우 정글 마을에 도착하기까지 심장이 쉼 없이 뛰었다.

한 번도 외지인이 들어가지 않은 마을을 우리 일행이 첫 방문자라니 기분이 묘했지만 도착하자 이스라엘리따 마을의 350여 명 주민들이 줄지어 나와 반겨준다. 밤에는 난생 처음 본다는 예수님의 생애가 담긴 영화를 상영하고 낮에는 어린이 사역으로(VBS) 말씀과 놀이를 하며 주민들을 위로하며 다과를 나누는 귀한 시간을 가졌다. 이·미용 사역으로 주민들의 머리를 말끔하게 깎아주며 3박 4일 동안 허름한 학교교실에서 숙식하며 그곳 주민들과 한 가족이 되어 보냈다. 다음 날은 산을 넘고 무성한 잡초를 헤쳐 가며 뿌유끔 마을을 향해 1시간 넘게 걸어서 마을에 도착했다. 마을 주민 200여 명이 낯선 이방인을 반기고, 어떤 어린아이는 우릴 보고 낯설어 도망가는 아이도 있었다. 세상에 태어나 처음 찍어본다는 사진을 들여다보고 신기해서 또 보고 좋아하는 그들과 하루를 보냈다.

싱그러운 풀밭엔 토종닭들이 꼬꼬데 울어대고, 강아지들은 깡마른 몸을 휘저으며 어슬렁거린다. 나무기둥에 매어둔 돼지들은 뜨거운 태양 아래 먹을 것이란 싱그러운 풀뿐이니 허기를 채우느라 풀을 뜯으며 오물대는 그 말 못하는 짐승이 어찌나 안쓰럽던지. 또 다른 정글 마을에서도 준비한 모든 사역을 마치고 정글을 빠져 나올 때는 별안간 폭우가 쏟아져 길이 물에 잠길까 걱정이 이만저만이 아니었다.

마침 비가 부슬비로 바뀌고 정글을 빠져나오기 위해서는 말을 타야 한다니 어찌나 겁이 나든지. 생전 처음 말 안장에 올라 무탈하게 정글을 빠져 나올 수 있도록 안보해주신 주님의 사랑이 얼마나 감사하든지. 정글속의 밤은 길기만 하다. 그나마 전기라도 들어오는 게 얼마나 다행인지, 정글의 밤은 고요하고 적막할 것이라는 나의 예상은 완전히 빗나갔다. 밤새도록 악을 써대는 곤충들과 이따금씩 울부짖는 듯한 강아지들의 울음소리. 늦게 자고 일찍 일어나는 낯선 생활을 강요한다. 고목나무에 찰싹 달라붙은 넝쿨식물의 잎이 호기심 많은 이방인의 시선을 고정시키는가 하면, 고지에서 올려다 본 하늘엔 손을 대면 잡힐 것 같은 수정 같은 별들이 반짝이는 큰 별들의 잔치가 한창이다.

오늘도 불볕더위 속에서 사는 정글의 주민들은 유니폼 같은 알록달록한 원피스들을 입고 옥수수를 가루 내어 또띠아를 만드느라 분주하리라. 멕시코에서 제일로 가난한 치아파스주(州)에 주님의 한없는 사랑과 축복이 넘쳐나기를 기도한다.

험한 길 정글에서 말을 타고

어린이 사역(VBS) 하면서

야생화의 천국 코스타리카

국토의 40%가 원시림이고 국토의 27%가 자연보호구역과 국립공원으로 지정돼 관리하는 나라. 한반도의 1/4의 크기로 수도는 산호세이며 전체 인구는 약 440만 명에 달한다는 나라 코스타리카. 하늘 위에서 내려다본 코스타리카는 눈부시게 푸르렀다. 국제공항이라고 하기엔 규모가 아주 작은 산호세공항.

중남미의 대지 위에는 건물보다는 푸른 나무들이 더 많아 집이며 건물들이 마치 나무들에게 포위되어있는 듯한 느낌 속에 거리는 온통 초록빛이다. 그 푸른 싱그러운 빛으로 장식된 자연의 힘 때문에 코스타리카는 풍요로워 보였고 편안해 보였다.

중남미 국가 중 가장 잘살고 현대화된 곳 같고 멀리 큰 산을 이루고 있는 산자락이 마을을 병풍처럼 둘러싸고 있다. 산호세는 해발 1,160m 정도의 고도에 위치하고 있기 때문에 섭씨 25도 정도로 아주 활동하기 좋은 기후다. 낮에는 덥지만 밤에는 이불을 덮어야 했다. 조류는 800

여 종, 나비는 북아메리카 대륙 전체의 나비를 모두 합친 수보다 많은 1,400여 종, 지구에서 단위 면적당 종류의 다양성이 가장 높은 생태계의 천국이라 한다.

1502년 콜럼버스가 이곳에 도착해 천혜의 자연에 감탄해 내지른 탄성 '코스타리카'(스페인어 : 풍요로운 해안)가 그대로 나라 이름이 되었을 만큼 풍요롭고 아름답다. 나무에 핀 꽃의 색깔이 열대의 정열을 뿜어내듯 강렬한 햇빛과 초록의 싱그러움이 조화를 이루고 있다. 빨강과 희귀한 색깔로 피워낸 난생처음 보는 야생화의 천국이요, 대부분의 나무에서 아름다운 꽃을 볼 수 있는 멋진 자연경관에 감탄사가 절로 나온다.

유감스럽게도 이름은 모르지만 노랗게 속살(?)이 보일 것처럼 투명한 꽃, 옆에서 묘한 냄새를 풍기는 란타나 꽃(Lantana)에 취해보기도 했다. 빨간색의 팜트리의 열매, 코코넛, 파타야, 망고, 노란 바나나, 빨간 바나나가 탐스럽게 주렁주렁 달려있다. 메론, 수류탄 과일(우리말로 해석하자면), 파인애플 등 갖은 열대과일도 지천이다. 커피가 3대 수출품목 중 하나로 국익의 대부분을 차지한 나라답게 온 들판과 온 산은 커피나무로 뒤덮여있다. 사탕수수 농장도 줄지어 싱그러움이 바람에 살랑인다.

먼 산에서 끝임없이 피어오르는 흰 구름은 활화산에서 분출되는 가스라고 하는데 왠지 시골 어딘가에 와 있는 듯한 낯설지 않은 풍경이다. 가끔씩 파란 나비가 훨훨 춤을 추고 날아다니고 자그마한 도마뱀이 집안에 무단침입해 있기도 하지만 사람을 해치지는 않는다. 마침 7일장이 열린 날 왁자지껄한 시장을 한 바퀴 돌아보며 모양도 이름도 낯선 과일을 사면서 코코넛 윗부분에 구멍을 내 빨대를 끼워준 코코넛 주스를 맛보았다. 미국 돈으로 40센트를 지불했고, 코코넛을 반으로 갈라 하얀 속살을 떼어먹는 재미도 쏠쏠했다. 자동차로 이동 중 계곡에 접한 휴게소에 들렀는데 계곡 밑 나무 위에 색감과 무늬 등이 매우 현란한 수많은 '이구아나'(Iguana : 열대 도마뱀)가 어찌나 많던지. 이 동물은 자기보호를 위해 보기에는 무섭게 생겼지만 사람에게는 해를 끼치지 않는 순한 동물로 나뭇잎이나 채소들을 먹고 살아간단다.

이 나라 사람들의 주식은 쌀과 검은 혹은 붉은 콩으로 만든 밥과 소고기, 닭고기, 양념 요리 한 것을 토르티아에 싸서 먹는다. 어느 식단이나 이 두 가지는 빠지지 않는 코스타리카의 전통 음식 '가조핀토'를 먹어보기도 했다.

창공을 나는 크고 작은 예쁜 새들을 볼 때마다 신선한 기쁨이 넘치고 뭔가 생생하게 살아있는 느낌이 좋았다. 아침 맑은 공기와 경쾌한 새소리가 아침잠을 깨우는 그곳, 관광이 주목적이 아니어서 많은 곳을 둘러보지는 못했지만, 하나님이 지으신 아름다운 야생화의 천국 코스타리카에서 7박 8일을 머물면서 실버선교 현장훈련(vision Experience)과정을 잘 마칠 수 있도록 모든 여건 주심에 감사한다.

야생화와 함께

떠나오는 날 공항에서

미소의 나라, 남국의 타일랜드

태국은 한 번도 식민지가 된 적이 없다는 사실에 대해 큰 자긍심을 가진 나라. 태국어로는 '쁘라뎃 타이'라고 하며, 타이(Thai)라는 국명은 '자유'를 의미한단다. 그래선가 태국인들은 어디를 가나 미소가 떠나지 않는 민족성을 가진 나라임이 틀림없는 것 같다. 동남아시아 인도차이나 반도에 위치한 태국은 북서쪽은 미얀마, 북동쪽으로는 라오스, 동쪽으로 캄보디아, 남쪽으로 말레시아와 국경을 맞대고 있다. 국토 면적은 514,000㎢로 한반도의 약 2.3배, 남한의 약 5배다.

태국의 수도 방콕은 태국어로는 '끄룽텝'이라고 불리며, 정치, 경제, 산업 및 문화의 중심이자 태국의 젖줄이며 태국에서 가장 긴 강인 차오프라야 강의 어귀에 위치하고 있는 동양의 베니스라고도 불린다. 방콕의 곳곳에는 사람들의 생활과 맥을 함께 해온 수많은 운하가 흐르고 있다. 태국은 나와는 특별한 나라다. 나와 절친한 친구. 그녀의 아버지가 무역업으로 태국의 출장 중 6·25가 터지고 가족과의 생사를 몰라 수소문 끝에 10여 년이 흐른 후에야 가족을 찾았고 아버지의 초청으로 여고를 졸업하자 태국으로 이민 갔다. 그때는 서울역에서 기차로 부산에 도착, 부산항에서 배를 타고 한 달이란 긴 날 속에 뱃멀미로 엄청 고생하며 떠나간 내 친구. 우린 서울과 방콕으로 수백 통의 그리움의 편지가 오고 간 나라다.

해외여행이 쉽지 않았던 그 시절 얼마나 가보고 싶었던 나라였던가. 50여 년 만에 지난 10월 중순에 여고 동기 친구와 둘이서 태국여행길에 올랐다. 워싱턴 덜레스공항을 떠나 인천공항을 경유, 5시간 만에 태국의 수도 방콕 수완나품 공항에 도착했다. 공항은 아름답고 정결함이 인상에 남는다. 시차는 서울보다 2시간이 늦다. 호텔로 직행한 우린 밤잠을 설치고 다음 날 아침 목포에서 왔다는 전직교사출신인 4명을 만나 모두 여인 천하로 이루어진 6명이 한 일행으로 3박 4일을 함께 지내게 되었다.

태국 전통 건축양식 및 불교문화를 엿볼 수 있는 왕궁과 에메랄드 사원을 향해 달려갔다. 왓포사원은 왕궁 남쪽에 자리한 200년 역사를 지닌 곳으로 방콕에서 가장 오래된 사원 중 하나다. 왓포의 가장 큰 볼거리는 길이 146m, 높이 15m에 달하는 거대한 와불상이다. 1832년 라마 3세의 명으로 만든 불상으로 깨달음을 얻은 석가모니가 열반에 들기 전의 모습을 표현한 것이란다. 어찌나 경비가 삼엄하고 관광객이 넘치는지 슬쩍 보는 것만으로 만족해야 했고, 왕궁 견학을 마치고 '차오프라야' 강가 선착장으로 달려갔다.

강 유역엔 멋진 야자수나무가 줄지어 서 있고 황토물을 가르는 작은 배에 올라 '새벽사원(왓 아룬)'을 향해 흘러갔다. 왓 아룬(새벽사원)은 새벽에 일출하는 햇빛이 이 사원 첨탑에 박혀있는 보석을 비추어 영롱한 무지갯빛을 낸다 해서 붙여진 이름으로 높이가 82m로 엄청 높다.

이렇게 가파른 계단을 마치 기다시피 올라가는 용감무쌍함을 발휘했지만 내려올 땐 정말 다리가 후들거리고 두근두근 심장 소리는 숨을 멈출 것 같았다. 저녁식사 후 전 세계 유명 3대 쇼 중에 하나라고 가이드의 기막힌 언변에 홀딱 반해 태국을 대표한다는 대형 버라이어티 쇼를 감상했다. 쇼 중에 싸이를 모방한 '강남스타일'과 한복을 곱게 차려입은 태국 무용단들의 아리랑 춤 솜씨에 많은 관광인들이 보내는 박수갈채가 대단함에 놀랐다. 한류의 인기를 한눈에 보는 듯 마음 흐뭇했다. 다음 날 방콕시를 벗어나 우린 2시간 만에 해양관광지 파타야시에 도착했다.

호텔에 짐을 내려놓고 곧바로 짙푸른 바다를 가르는 스피드 보트를 타고 하얀 거품을 몰아치며 30분 만에 산호섬에 도착했다. 알록달록한 비치 파라솔이 펼쳐진 낭만의 해수욕장은 인산인해, 한마디로 환상의 에메랄드빛 비치다. 옵션 관광코스가 다양했지만 해양스포츠로 '바나나 보트'와 '페러 세일링'을 선택했다. 쾌속정이 이끄는 에메랄드빛 바다 위에 낙하산 줄에 온몸을 꽉 조이고 매달려서 스릴만점(?)에 무서움도 반납한 채로 동심의 세계를 넘나드는 모험도 했다. 그뿐인가. 바닷속(수심 4m~5m)을 30여 분간 산호와 각종 조개를 만져보며 아름다운 열대어와의 만남은 난생처음 환상의 산호섬 씨워킹(parasailing) 시간을 즐겼다.

모두들 흠뻑 젖은 옷은 쾌속정을 타고 나오는 동안 어찌나 태양열이 강렬한지 순식간에 뽀송뽀송. 마지막 날 우린 파타야 민속촌인 '농눅 빌리지'로 갔다. 202만 평의 부지에(여의도의 2배) 온갖 동물 조형물과 아름답게 조성된 정원은 '어머나! 어쩜!' 감탄하고도 남는다. 민속 쇼와

코끼리의 갖은 재롱에 관광객들은 환호성을 질러댔고 '런닝 맨' 촬영장소로 유명한 태국 전통가옥을 재현한 태국 서민들이 주로 이용한다는 수산시장으로 갔다. 물 위에 떠 있는 배 안에 바나나, 생선튀김, 국수 등 주로 먹거리와 선물가게가 주를 이루고 있다.

해가 지기 직전 우린 황금 절벽사원으로 달려갔다. 태국 왕을 향한 충성심으로 순금 2톤으로 돌산을 절개하여 폭 70m 높이 180m의 부처님 모습의 황금색 광채가 선명한 이색적인 작품이 인상적이다. 사원 건너편에선 태국의 상징이요, 건강과 행운이 따른다는 코끼리 등에 올라 독특한 한가로움과 남국의 정취를 느끼며 산책을 즐기기도 했다.

방콕으로 돌아온 우린 봐도 후회, 안 봐도 후회라는 라이브쇼를 유일한 낙오자(?)로 낙인찍힐까 봐 동행하고 후회막급. 태국의 최고층 베이욕 타워의 84층에 올라 끝없이 펼쳐진 방콕의 아름다운 야경을 내려다보며 여행의 또 다른 추억과 즐거움을 가졌다.

여행은 때때로 고생이 따르기도 하지만, 현실을 벗어나 아름다운 타국의 정취에 빠져보는 시간이 얼마나 값있는 시간인지, 또한 본질적인 나의 삶을 되돌아보게 하는 기회 주심과 건강 허락하여 주신 하나님께 감사드린다.

고궁을 둘러보며

공중을 날며

세네갈의 어린 영혼들을 주님께 올려드리며

『뿌리』란 소설이 한때 세상을 풍미한 적이 있는 킨타쿤테라는 주인공이 등장하는 사하라사막 끝자락 아프리카 대륙 최서단에 위치한 세네갈을 향하여 항공기는 뉴욕을 경유 9시간 만에 세네갈의 수도 Dakar 국제공항에 도착했다. 공항 밖으로 나오니 새벽인데도 뜨거운 열기가 대단하다. 마중 나오신 이해진 집사님 그리고 선교사님과의 첫 만남이 낯설지 않았고 우린 짐과 함께 두 차에 올라 울퉁불퉁한 길로 엉덩방아를 찧어가며 어둠이 깔린 새벽길을 달려갔다.

우리는 11박 12일간 단기 어린이 VBS 선교사역 목적을 띠고 세네갈의 오지로 온 것이다. 선교사님 댁에 도착한 우린 육개장과 김치, 그리고 비빔밥 등 이국땅에서 귀하게 준비해주신 사모님의 정성에 감사하지 않을 수 없었다. 잠시 휴식을 취하고 첫 사역지 음부르 마을 가까이에 숙소를 정하고, 사역에 필요한 짐을 정리했다. 다음 날 아침 솥뚜껑 같은 지붕을 이은 움막으로 동네를 이른 '음부르' 마을로 들어가는데 우리 일행을 보고 손을 흔들며 뛰어 오는 많은 어린아이들 순식간에 400여 명이 모였다.

문명의 혜택이 전혀 없는 오지의 마을에서 염소, 양들이 온 동네를 누비고 다니는 동물과 사람이 함께 공존하는 삶을 본다. 나귀가 이끄는 마차를 타고 어디론지 달려가는 전통의상 '부부'를 입은 어른들, 삐쩍 마른 소 떼를 몰고 다니는 목동들, 큰 우물에 두레박을 드리고 퍼낸 물을 항아리에 담아 머리에 이고 조심스럽게 걸어가는 여인들.

모래밭에 파릇한 어린 싹이 애타게 비를 기다리는 무더움에 시들함이 애잔하다. 특히나 전통음식 '야샤 뿔레(Yassa Poulet)'를 현지인들과 함께 먹으며 쌀라 말레쿰?(안녕하세요?) 말레쿰 살람?(네, 안녕하세요?) 서로 주고받는 인사 속에 정이 듬뿍 들었다. 씻지 못해 땟국물에 범벅이 된 채 머리에는 종기(부스럼)가 나 진물이 흐르는 많은 어린아이들, 팬티를 입지 않아 달랑 내놓고 누나 곁에 앉아 졸고 있는 아이, 캔디를 하나 더 달라고 조르는 어른들과 아이들, 아이가 아이를 업고 땀을 뻘뻘 흘리는 모습들이 선하다.

재주꾼 김애자 권사님은 융판에다 예쁜 그림을 부쳐가며 재미있게 들려주며 천지 창조, 아기 예수의 탄생, 변화된 삭개오 이야기 등을 전했다. 선은균 선교사님(현지어)과 현지 전도사님(부락어)의 통역에 귀 기울이며 검은 피부에 하얀 이를 환하게 드러내고 손뼉 치며 찬양하는 어린이들을 보며 눈물이 주르르 흘렀다. 특히 '십자가에 못 박히신 예수님'을 현지 전도사님이 직접 모델이 된 연극을 보면서 많은 어린아이들이 눈물을 흘리는 모습을 볼 수 있었고, 만들어준 하얀 종이 십자가를 소중하게 간직한 많은 아이들을 볼 때 희망이 보였다.

주일 오후 예배를 드리기 위해 더 깊은 오지 시골 마을 '은고질렙'으로 갔다. 교회는 없고 큰 나무 그늘 아래 동네 한복판에 모였다. 먼 거리에서 온 아이들을 포함해 많은 성도들이 드린 예배, 비록 흙모래 바닥에서 예배를 드려도 그 열정은 뜨거웠다. 예배 후 모여든 아픈 사람을 위해 선교사님과 사모님 그리고 이해진 집사님이 의사가 되어 그들의 상처를 만져주며 치료하는 모습은 참 아름다웠다. 특히 한쪽 다리

'음부르' 마을의 여인과 함께

가 썩어가는 중년 부인이 있어 얼마나 가슴이 아팠는지 모른다.

많은 것을 체험하며 제 자신이 은혜를 받는 귀한 시간 속에서 의료 사역의 필요성을 절실히 느꼈으며 선교는 돌아봄과 나눔으로 시작된다고 생각했다. 똑같은 하나님의 자녀인데 앞으로 세네갈에 하나님의 크신 축복 속에 문명도 받아들여 뿌린 씨앗의 열매가 50배, 100배의 열매를 맺히기를 기도한다.

11박 12일 동안 세네갈 단기선교를 무사히 마치고 돌아올 수 있도록 건강 주시고 모든 여건을 허락하여 주신 하나님의 극진한 사랑 속의 물질후원과 주야로 기도후원을 해주신 목사님, 장로님, 집사님들 그리고 모든 교인들에게 감사를 드린다.

어린이 VBS 사역 중에…

끝없는 광야를 달려 한 영혼에게로

저의 몽골 단기선교팀 9명은 지난 2월부터 마음속에 품고 기도하던 몽골 땅을 향하여 드디어 울란바토르 국제공항에 도착했다. 현지의 황필남 선교사님과 현지인 전도사님들이 반갑게 맞아 주셨다. 몽골이란 곳이 무척 낯설 것이라는 예상과 달리 우리와 똑같은 피부색과 생김새에 친근감을 갖게 한다. 어두운 밤길을 달려 렌트해 놓은 아파트에서 짐을 풀고 만남의 첫 예배를 드리고, 2주간의 돈드고비 지역 단기선교 및 교회 개척에 대한 사역계획을 듣고 몽골에서의 첫 밤을 보냈다.

다음 날 쇼보링 파프릭 지역으로 가는 길목은 어찌나 심하게 울퉁불퉁 패어 있는지 마치 곡예운전으로 가야 하는 길 사정에 놀랐다. 트르므 전도사님이 사역하시는 '니세흐지역 보르하니 지구르(하나님 날개) 교회'에서 현지인 통역관의 도움으로 난생처음 신앙 간증을 했다. 과연 내 간증이 그들에게 정말 감동을 줄 수 있을까 두렵고 떨리는 마음으로 기도했다.

다음 날 아침 작은 승합차 두 대에 편승해서 드디어 돈드고비를 향해 달려가는데, 비포장도로를 달릴 때는 실로 죽음이었다. 몸은 좌충우

돌 웅덩이를 한 번 지날 때면 몸이 붕 떠서 천장에 머리를 찧기 일쑤였지만, 너무나 피곤한 우리는 그 흔들림 속에서도 잠에 곯아떨어지곤 했다. 불볕더위를 이기지 못해 달리는 승합차 창문을 잠시 열면 차 안으로 습격해 오는 흙모래 때문에 마스크를 꼭 써야만 했다. 길 표시도 전혀 없는 광야를 몇 시간씩 달리다 길을 잃어 당황하는 운전자의 모습이 안쓰러웠고, 우왕좌왕하다 연료가 떨어지면 어쩌나 우리는 숨죽이고 기도에 열심히 매달렸다.

간간이 나타나는 초지와 들꽃, 하늘과 구름밖에 없는 몽골의 광활한 광야 속에서 자연의 공기와 쏟아질 듯한 밤하늘 별들을 바라보며 무더위를 식히기도 했다. 끝없는 광야 속에서 처음에는 움찔거리던 팀원들도 나중에는 노상방뇨를 서슴지 않게 되었다. 드디어 돈드고비의 바양자르갈 군(郡) 마을회관에 도착해 전도 및 집회를 열며 노방전도와 가정방문 전도를 나갔다. 남자들은 대낮에도 술에 취해 게르(몽골의 전통가옥) 안에서 웃통을 벗고 낮잠을 자는 경우가 태반이었다. "그들에게 하나님의 진리의 말씀이 빨리 들어가야 할 텐데……. 여인들은 무엇으로 가정을 꾸밀까?" 물이 귀해 씻지도 못하는 그 환경이 안타까웠다. 참으로 우리가 사는 미국에서는 날마다 감사의 생활이어야 함을 깨닫기도 했다.

그 다음 날도 새벽잠에 깨면 큐티로 무장하고 누룽지를, 컵라면을 더운물에 불려 먹고 또 광활한 사막을 달려 오지의 영혼구원 전도 길로 달려갔다. 사막 한가운데에는 그들이 신봉하는 신(神) 서낭당이 여기저기에 널려 있었다. 샤머니즘을 타파하는 길이 몽골을 살리는 길임을 깨닫고 열심히 기도해야겠다고 생각했다.

온드르 쉴 군, 고르방 싸이항 군, 을찌트 군, 홀드 군, 로스 군에서 하루씩 전도 및 집회를 열고, 팀원들이 돌아가며 간증과 특송과 말씀으로 많은 영혼을 주님의 전으로 인도했다. 이·미용 사역으로 많은 분의 머리를 깎아주기도 했다. 무엇보다 그들이 주님을 영접하며 손들고 나올 때 너무너무 기뻤다. 교회가 없는 지역이 있어 마음이 무척 아팠고 교회를 지어줄 수 있는 후원을 갈망하며 기도했다.

울란바토르에 돌아와 이틀 동안 황필남 선교사님이 시무하시는 웅힝우능 교회 여름 수양회의 사역을 도왔다. 뜨겁게 찬양하는 몽골 사람들을 보며 이 몽골 땅도 빨리 복음의 땅이 되기를 합심 기도했다. 이번 단기선교를 통해 우리가 가는 곳마다 우리가 할 것을 미리 예비하시는 여호와 이레의 하나님을 체험할 수 있었다. 만나는 한 사람 한 사람의 눈망울 속에 주님이 살아계심을 알게 하시고, 사역지를 옮겨 다닐 때마다 웃음 주시고 하나가 되게 하여 주신 하나님께 감사드린다.

몽골 청년의 통역으로 간증하면서

몽골 여인들과 함께

요르단의 붉은 도시 페트라(Petra)

요르단은 중동, 그중에서 아라비아 반도의 북서쪽에 있는 자그마한 나라다. 동쪽으로는 이라크와 서쪽으로는 항상 시끄러운 팔레스타인과 이스라엘을, 남쪽으로는 사우디아라비아와 그리고 북쪽으로는 시리아와 국경을 맞대고 있다.

중동국가는 8월 한 달간이 라마단 기간이다. 라마단은 아랍어로 '더운 달'을 뜻하는 신성한 달로 모슬렘은 이 기간에 일출에서 일몰까지 금식하면서 날마다 5번의 기도를 드린다. 어디서나 스피커에서 흘러나오는 코란의 기도 소리를 들을 수 있었으며 낮에는 식당 문을 열지 않아 2주간 요르단에 머무는 동안 많은 불편을 느꼈다.

여행 중 문화 탐방의 날이었다. 8인승 밴에 올라 사막으로 이루어진 회색 바위로 줄지은 도로변을 따라 달려갔다. 느보산에 올라가 여호와께서 놋뱀을 보는 자는 누구든지 살리라 하셨다는(민 21 : 4~9) 청동 뱀상을 바라보는 행운을 가졌다.

또한, 마음 설레며 요단 강 가에 서서 '요단 강 건너가 만나리' 찬송가를 마음속으로 불러보며 상상외로 좁은 요단강에 실망(?)도 하고, 예수님 세례 받으신 곳 요한의 세례터에 한참을 서성거리기도 했다. 또한, 야곱이 천사와 싸운 곳(창세기 32 : 22~25) 얍복나룻터의 흐르는 물속에 손을 담그며 구약성경에 등장하는 인물들을 그려보기도 했다.

영국의 시인 존 윌리엄 버건이 '영원의 절반만큼 오래된 장밋빛 같은 붉은 도시'라고 노래한 페트라에 도착했다. 페트라는 요르단 수도 암만에서 약 150Km 떨어진 붉은 사암 산에 건설된 페트라는 성서에 나오는 에돔 국의 수도였다.

입장권을 끊고, 입구를 통과해 조금 내려가자 크고 작은 기기묘묘한 형체의 붉은 바위들이 하나 둘 당당히 고개를 쳐들고 있다. 원형극장과 목욕탕 그리고 상수도 시설이 갖추어진 도시가 유령처럼 버티고 서 있고 '시크'(Siq, 아랍어로 협곡이란 뜻)라고 불리는 그 신비한 페트라 협곡에 대한 호기심을 더욱 부추긴다.

뜨겁게 내리쬐는 태양 아래 푹푹 빠지는 모래 길목 곳곳에 조랑말과 마차꾼들이 대기하고 호객행위에 열을 올린다. 풀 포기 하나 없는 거대한 붉은 바위산 덩어리를 깎아 세운 듯 벽면 곳곳에는 자연이 수놓은 아름다운 적갈색 색상의 물결무늬가 마치 선녀가 춤을 추듯 한다. 협곡 사이의 높은 하늘은 마치 한 줄기의 푸른 강물이 하늘 위를 흐르고 있는 듯하다.

지진 등의 자연재해로 묻혀버렸다가 1812년 천신만고 끝에 처음 페트라를 발견한 탐험가 '부르크하르트'의 눈에 비친 페트라는 과연 어떠했을까. 분명 자신이 탐험가로서 완수한 전인미답의 어떤 미지의 별천지를 밟았다는 기쁨과 흥분을 쉽게 가라앉히지 못했을 것이다.

그리스어로 '바위'를 의미하는 페트라는 애굽을 탈출하여 가나안으로 향하던 모세와 그 추종자들에게는 약속의 땅으로 가는 통로이기도 했던 그 길을 걸어보는 기분은 묘했다. 페트라는 1985년 유네스코 세계문화유산으로 지정된 곳이다.

미국 영화감독 스필버그의 영화『인디애나 존스』의 촬영 장소로 더 유명해진 바로 그곳이다. 세계 7대 불가사의 중 하나이며 요르단의 국보 1호이고 요르단을 먹여 살린단다. 좁게는 2m, 높게는 200m에 이르는 구불구불한 협곡을 걷다 시크가 끝나자 갑자기 시야가 탁 트인다.

바로 시크를 통과한 사람에게만 주어지는 선물인 페트라 최고의 걸작 '알 카즈네' 건물이 바로 앞에 턱 버티고 서 있다. 오로지 바위를 정교하게 다듬고 파내서 만든 '알 카즈네'는 페트라의 상징임이 틀림없다. 아무리 말이 없고 감정이 무딘 사람도 건물을 보는 순간 '아' 하는 탄성을 쏟아낸다.

높이 43m 폭 30m의 2층 구조의 피사드(건물의 정면)로 되어 있는 '알 카즈네'란 보물이란 뜻이다. 정면에는 5개의 인물상과 동물성 조각이 선명하게 새겨져 있고 6개의 굵직한 코린트식 기둥이 멋지게 세워져 있다. 화려한 외부와 달리 내부는 텅 비어 있어 나바테아 왕 아테라스 3세의 무덤으로 추정되고 있다.

붉은 사암 멋진 건물 '알 카즈네' 정문 앞에 울긋불긋한 안장을 걸치고 앉아있는 두 마리의 낙타가 석양빛을 받아 한 폭의 멋진 그림을 그려내고 있었다. 요르단의 붉은 도시 페트라는 그 아름답고 위대함을 한껏 뽐내며 영원히, 아니 오늘도 많은 문화 탐방객을 불러 북적대고 있을 것이다.

요르단의 붉은 도시
페트라

페트라 최고의 걸작
<알 카즈네>

신비와 세월의 흔적을 담은 앙코르와트

한때 인도차이나 반도를 지배하며 강력한 힘과 문화를 꽃피웠던 역사를 가지고 있는 나라. 그러나 피로 얼룩진 가슴 아픈 현대사의 상처의 딱지가 아직도 남아 있는 나라. 동남아 캄보디아를 다녀왔다. 킬링필드(killing Field)라는 영화를 통해서 그리고 1992년 유네스코 세계문화유산으로 지정된 앙코르와트에 깊은 관심을 갖으며 언젠가는 가보리라 했던 나라다. 동남아 여행 스케줄에 따라 베트남의 호찌민(전 사이공)공항을 벗어난 비행기는 50여 분 만에 캄보디아 씨엠립공항에 도착했다.

10월 초인데도 열대지방 기후답게 후덥지근한 것이 한여름 밤을 연상케 했다. 씨엠립은 캄보디아에서 제2, 제3의 도시로 신호등이 도시 전체에 6개밖에 없는 작은 도시다. 산이라고는 거의 찾아볼 수 없고 대부분이 평야를 이루고 비옥한 땅에 열대과일이 지천이다. 벼농사는 1년에 4모작까지 가능한 기후조건에 황금물결을 이룬 넓은 들판엔 누런 황소가 한가로이 풀을 뜯고 있고, 볏단을 이고 나르는 일꾼들의 모습은 평화 그 자체다.

반면 독선적인 정치인 하나가 세계 5위의 부국이었던 캄보디아를 세계 5위 빈국으로 전락시킨 독재자 폴 포트(Pol Pot : 1925~1998). 이 사람은 1975년 자국을 공산화시키기 위해 지식인, 부유층, 심지어는 안경 쓴 사람, 학생, 선생들까지 무조건 잡아다 1/3 이상의 자국민을 끔찍한 고문으로 살해한 미친 살인마였다. 죄 없는 200여만 명의 해골이 담긴 유리관과 끔찍한 고문 당시 사진을 보면서 인간의 잔인성에 분노를 억제키 어려웠다.

크메르민족(캄보디아인들)이 자랑하는 세계 7대 불가사의에 속하는 앙코르와트(Angor Wat)를 탐방하는 날이다. '툭툭이'(인력거 비슷한)에 올라 먼지 펄펄 날리는 도로를 달려갔다. 붐비는 관광객 틈에 끼어 도착한 앙코르 톰은 커다란 도시라는 뜻으로 앙코르제국의 마지막 수도였다. 개별적 사원이 아니라 성곽도시로 바이욘 사원, 코끼리 테라스, 구왕궁, 타프롬 사원 등 크메르왕국의 수많은 유적지는 그 규모를 가늠할 수 없이 광활하게 펼치고 있다. 특히나 바이욘 사원은 자야바르만 7세의 얼굴이자 부처의 얼굴이 탑 사방에 50여 개 조각돼 있다. 마치 모나리자의 자비로운 미소 못지않은 아름답고 자비로운 미소가 빛나며 '앙코르의 미소'라고도 불리고 있다.

영화 『툼 레이더』에 등장하는 타프롬 사원엔 생명력 강한 수많은 '실크코튼' 나무가 사원의 담이나 지붕을 휘감고 있어 마치 굵은 흰 구렁이 같은 징그럽고 섬뜩한 기괴한 모습들이 사방에 널려있다. 앙코르 유적지는 고대의 신비와 세월의 흔적을 담은 쓸쓸한 폐허의 모습을 동시에 간직하고 있고, 마치 죽음의 왕궁, 선잠이든 왕궁처럼 보이기도 한다. 정글에 묻혔던 앙코르 유적이 세상에 모습을 드러낸 것은 1850

신비와 세월의 흔적을 담은 앙코르와트

년 후반이다. 앙코르와트는 개별사원으로 캄보디아의 옛 영화(榮華)를 증명하듯 가장 규모가 큰 것으로 크메르 건축 예술의 극치를 이루는 역사적인 예술품으로 인정받고 있다.

왕의 생전에는 신을 섬기는 사원으로, 사후에는 무덤으로 사용했을 것이란 앙코르와트는 돌로 만든 우주의 모형으로, 1층은 미물계, 2층은 인간계, 중앙탑이 있는 3층은 천상계를 상징한단다. 3층으로 오르는 계단이 가파르고 급경사진 층계를 조심스럽게 천상계를 오르내리느라 엄청 고생을 했지만, 우주(천국)로 향하려면 거만한 욕심과 자만심을 버리고 더 낮은 자세와 경건한 마음으로 참된 삶을 살아야 함을 일깨우는 시간이기도 했다.

황톳물이 넘실거리는 톤레샵 호수, 기계동력으로 움직이는 배를 타고 수상촌으로 미끄러지듯 흘러갔다. 잔잔하게 펼쳐진 호수는 아름다웠지만 그 풍경 속에는 참 안타깝고 잊혀지지 않는 삶의 모습들도 있었다. 관광객을 실은 배가 지나갈 때마다 작은 쪽배들이 쏜살같이 몰려와 1달러를 구걸하는 그들에게는 수치심은 없었고 그저 살아야겠다는 소리 없는 투쟁만이 가득해 보였다. 신비와 역사적인 예술품에 감탄을 쏟아내며 다른 한편으론 계속 졸졸 쫓아다니며 1달러를 외쳐대는 가엾은 캄보디아 어린아이들을 생각하면 지금도 가슴이 찡하다.

앙코르와트에서

중국 운남성 곤명을 가다

곤명은 중국 남서부 운남성(云南省)의 성도로 운남성의 정치, 경제, 문화, 교통의 중심지인 동시에 2,400여 년의 역사를 지닌 도시다. 지리적으로 운귀(云貴)고원 중부에 위치해 있어서 시내 중심부의 높이가 해발 1,891m이다. 기후가 온화하여 여름에는 혹서가 없고, 겨울에도 혹한이 없단다. 사계절이 봄과 같고, 사계절 내내 끊임없이 꽃이 핀다고 하여 '춘성(春城)'이라는 아름다운 이름으로 불리운다.

또 운남성은 인류 발원지 중의 하나로서 우리나라 면적의 3.5배, 수도는 곤명으로 지형적으로 베트남, 미얀마, 라오스, 삼국과 국경을 접하고 있고 야자수 가득한 동남아시아의 정취부터 티베트고원 문화까지 다양한 자연경관을 갖춘 여행자원의 보고이다.

지난 10월 제주도에서 열린 다채로운 국제동문회 행사를 모두 끝내고 이어서 선후배 90여 명으로 구성된 우리 팀은 인천공항에서 5시간 30분 만에 곤명공항에 도착했다. 밤늦은 시간 우린 곧바로 호텔로 이동, 피곤을 풀기에 바빴다.

다음 날 우린 곤명에서 가장 큰 불교 사찰로 당나라 때 지어져 약

1,200여 년의 역사를 지닌 원통사로 관광의 첫 발걸음을 옮겼다. 도시 한복판에 위치해 있는 절로 시인들이 풍월을 읊던 대관주 꼭탑까지 출입이 허용된다지만 시간에 쫓겨 아쉽게도 올라가 보지 못했다. 사찰 내에는 청 광서 연간에 세워진 불상을 볼 수 있으며 대전 중앙에는 화려한 용이 새겨져 있는 10m에 달하는 두 개의 원주가 여행객들을 맞이하고 있다. 곳곳에 향을 피어놓고 절하는 많은 여인들, 원통사 절 안은 온통 향 연기가 자욱하다.

이어 취호공원, 운남민속촌, 운남민족박물관, 가명화훼시장 관광 후, 곤명 시내가 한눈에 내려다보인다는 서산용문으로 버스는 꼬불꼬불 산길을 따라 운전해갔다. 리프트를 타고 서산공원 정상에 올라 저 아래로 내려다본 담수호, 곤명호 경관은 너무나 아름다운 한 폭의 그림이다. 가파른 수많은 계단을 살살 내려오다 입구까지는 전동차로 하산했다. 곤명 특미의 또 다른 한 가지로는 여러 가지 볶음밥이다. 감자소세지볶음밥, 야채볶음밥, 버섯볶음밥 등이지만 맛은 각양각색이다. 음식마다 향냄새가 나 거부감이 있었지만 모두들 식사를 잘한 편이고 곧바로 '운남영상가무쇼'를 관람하기 위하여 서둘러 극장으로 갔다. 전통 중국무용단들의 멋진 공연을 즐기고 호텔에 돌아와 단잠에 푹 빠졌다.

다음 날 1989년 탐험대의 의해 발견되었다는 구향(九鄕)동굴로 이동했다. 석회질 동굴로 비교적 늦게 발견된 탓에 중국인들조차 모르는 경우가 많다는 구향동굴은 곤명에서 약 1시간 30분 정도 떨어진 곳에 위치해 있다. 입구에서 엘리베이터를 타고 60m 계곡 아래로 내려가니 지각변동으로 동굴이 갈라진 황토물이 흐르는 좁은(폭 5~15m) 계곡이 턱 버티고 있다. 하늘이 보이지 않을 정도인 수직 협곡에서 구명조

끼들을 하나씩 챙겨 입고 보트에 올라 미지의 정글을 헤쳐 나가는 보트 체험장에 나선 것 같았다. 모두들 동심(童心)이 되어 괴성을 지르고 물장난과 하늘에서 떨어지는 물방울을 맞아가면서 배와 배가 부딪치는 재미에 너나 할 것 없이 즐긴 신선놀음이었다. 100여m를 갔다가 돌아오는 보트는 승선했던 위치에서 내려 반대편에 만들어 놓은 소형 댐 쪽 계단을 내려가니 동굴 내부로 협곡에 물 부딪치는 폭포 소리가 마치 천둥소리 같다.

동굴을 깎아 만든 진입로로 들어가는데 동굴의 입구가 얼마나 높은지 실내체육관 천장 두 배정도 높이의 크기에 놀랐다. 동굴 내부에서 떨어지는 두 줄기 쌍폭포는 무서울 정도로 굉음을 낼 뿐만 아니라 수포가 온 천지를 뒤덮는 듯하다. 또한 동굴 바깥의 하늘을 볼 수 있는 뻥 뚫린 구멍이 여러 군데 나 있다. 동굴에는 종유석과 석순들이 연출하는 장관이 여행객들의 입을 저절로 벌어지게 만들고, 총면적 200㎢에 66개의 종유동굴로 이루어져 있다는데 이 중에서 일부만 개방하고 있다. 굶주린 사자 모양의 암석과 웅장한 내부는 신비스러운 대자연의 걸작품이라고 해도 손색이 없다.

신기한 것은 동굴의 입구와 출구가 반대편에 있다는 게 너무나 신기했다. 입구에서 출구까지 가파른 400여 계단을 오르기가 힘들어하는 사람들을 위해, 많은 가마꾼(인력 가마)들이 대기하고 있었고 무릎이 시원치 않은 분은 가마에 올라 양반마님(?)으로 변신, 고고하게 대접받는 분도 많았다. 난 아직은 층계를 오르는데 문제가 없으니 얼마나 다행인가. 흰 물살이 계곡의 바위틈을 휘감고 내려치는 굉음을 들으며, 대나무 숲길을 빠져나와 2인용 리프트(20분간)를 타고 산을 넘고 계곡을 벗어나 주차장으로 나왔다. 하루 종일 동굴 안을 헤매고 다녔으니 얼마나 피곤한지 저녁 먹고 바로 호텔로 직행 잠자기에 바빴다.

다음 날 곤명에서 남쪽으로 120km 떨어진 곳 석림(石林)을 향하여 달려갔다. 면적 350㎢의 광활한 카르스트 지형 석림 가까이에 왔는지 차창밖엔 천태만상의 돌기둥이 우뚝우뚝. 일행들의 탄성 소리는 와글와글 버스 안을 뒤흔든다. 나무줄기처럼 하늘로 치솟아 있는 것이 마치 산림 모양을 이루고 있다. 웅장한 석림은 전형적인 열대 석회암 지역으로 현재 해발 2,000m 높이란다. 원래 이곳은 해수면같이 평평했으나 약 100만 년 전부터 솟아오르기 시작하여 지금은 이 일대의 기후 또한 열대에서 온대로 변했다고 한다. 웅장하게 뾰족뾰족하게 솟아오른 기암괴석을 배경으로 기념촬영을 하느라 여기저기서 디카의 셔터 누르는 소리가 어찌나 요란하던지.

석림은 대소석림, 내고석림, 지운동, 장호, 대첩수폭포, 월호, 기풍동 등 7개의 풍경구로 구성되어 있으며, 대소석림은 개발이 일찍 시작되었으나 현재는 내고석림이 개발 중이란다. 다양한 석림(石林)을 이루는 사이사이 산책길을 따라 전개되는 돌 수풀길로 걸어갈수록 비경은 장관을 이룬다. 이날은 새벽 5시에 모닝콜이었다. 서둘러 준비하고 정확히 7시에 출발. 곤명에서 버스로 5시간이나 걸린다는 토림(土林)으로 향했다. 토림이 얼마 안 남았나 창밖으로 펼쳐진 풍광은 온통 황톳빛으로 캘리포니아의 세도나를 연상케 한다. 150만 년~250만 년 전에 형성된 토림은 오랜 세월 침하작용에 의하여 형성되어 아직도 진행형이란다. 하늘을 찌를 듯한 흙 봉우리들과 이야기를 나누며 작은 언덕에 올라섰다. 작은 그랜드캐년처럼 크고 작은 협곡들이 병풍처럼 늘어서 있어 토림 풍광은 아름다움의 극치를 이루고 있다.

뾰쪽뾰쪽하게 솟아오른 날카로운 흙봉우리들과 우뚝우뚝 서 있는 기둥들은 언뜻 풍화암처럼 보이긴 하지만 흙과 모래와 자갈로 이루어진 흙에 가까운 토질로 구성되어있단다. 흙기둥은 작은 것의 높이는 3~4m, 높은 것은 40m에 이르고, 일만 이천 봉을 자랑하는 금강산 만물상 같은 절경도 눈에 들어오고 원추형 뾰쪽 봉우리 숲들이 장관을 이루고, 눈앞에 펼쳐져 있는 토림의 웅장함과 신비스러운 분위기 속에 위대한 신의 작품에 그저 감탄의 신음소리만 쏟아냈다.

그냥 눈에 들어오는 토림의 아름다움을 조용히 마음속에 담아가도 좋겠지만, 카메라가 있는데 왜? 그냥 갈 수 있겠느냐 고집부리는 친구들. 이 친구 저 친구를 불러대며 삼삼오오 팀을 만들고, 또 둘이서, 셋이서 짝지어 사진 박느라 정신없다. 숨겨둔 고대세계로 들어와 잃어버린 세계를 찾아 헤매는 영화 속의 탐험가인 양 구석구석을 다니다 보니 울울창창 하늘 높이 솟아 올라있는 토림의 뾰쪽기둥들, 아마 토림의 샛길까지 모두 둘러본다면 족히 5~6시간이 더 걸릴 것 같다.

배우 '장동건'이 주연으로 나온 영화 『무극』을 비롯한 수많은 영화의 촬영지였다는 토림. 오랜 세월 동안 흙이 깎이고 파이면서 만들어진 토림의 황톳빛 풍광은 자연의 경이로움이요 신의 위대한 작품이다. 곤명에서의 여행 마지막 날 동문들과 버섯 샤브샤브로 맛있는 저녁을 먹고 서둘러 간 마사지 룸에선 18살의 중국청년이 정성껏 해준 전신마사지(2시간 동안)는 어찌나 시원하던지. 4박 5일간 강행한 여행의 피로를 말끔히 씻어내기에 충분했고 '강남 스타일' 춤까지 추면서 행복을 선사한 청년들에게 감사한다.

한 번 지나가버린 것은 다시 되돌아오지 않으며 모든 시간은 생애 단 한 번의 시간이며 모든 만남은 생애 단 한 번의 인연이다. 여행이란 자연 속에서 내 삶을 음미해보고 새로운 에너지를 얻어 돌아오는 것이 아닐까. 일상이 단조로울 때면 추억 속의 여행을 떠올리며 마냥 미소 짓게 되겠지.

2012년 운남성 곤명에서

■ 발문(跋文)

수필의 멋과 맛과 설득력

박진환(시인 · 문학박사)

수필집 『도레미파솔라시도의 합창』에 이어 내놓는 『세월 따라 가는 마음』은 유설자 님의 두 번째 수필집이 된다. 7부에 나누어 70여 편의 수필을 수록하고 있는 이번 수필집에는 혈통의식, 일상적 주변, 마음의 덕목, 세월 · 추억 · 삶 · 여행 등 각 방면을 통해 보고, 느끼고, 생각하고, 체험한 것들을 그때그때 글로 엮어내는 그야말로 수필의 주어인 수즉기록(隨卽記錄)의 산문들로 보여진다.

수즉기록이란 주지하다시피 그때그때 붓 가는대로 쓴다는 의미쯤으로 해석될 수 있는 것으로 남송 때의 홍매(洪邁)에 의해 처음 씌어진 말이다. 이른 바 마음을 좇아 붓 가는대로 그때그때 기록 했다는 뜻인데 그 때문에 앞뒤를 가린다거나 순서를 따지지 않는 아무런 제약을 받지 않고 붓 가는대로 썼기 때문에 수필이라 했다는 요지가 홍매의 말이다.

수필을 일컬어 무형식의 형식이란 말을 즐겨 쓰는 것은 이 때문인데 그렇다고 마구잡이로 아무 것이나 쓰면 수필이 되는 것은 아니다. 적어도 수필이 되기 위해서는 몇 가지 최소한의 조건을 충족시켜 주는 부분이 있어야 수필이 된다.

다른 것은 다 그만두고라도 첫째 수필이 되기 위해서는 유머나 위트가 있어야 하고 위트에 의한 순발력으로서의 이동이나 전환이 이루어져야 수필다운 수필의 첫 조건을 갖추었다고 할 수 있다.

두 번째로 비록 수필이 개성적이고 고백적 글이라고 할지라도 글 속에 심미적·철학적 가치를 체험할 수 있는 문학으로서의 맛이나 멋, 그리고 향기 같은 것을 지니고 있어야 수필에 편입될 수 있다는 점이다.

셋째로 수필다운 수필이 되기 위해서는 넘치는 개성, 소재의 다양성, 진솔한 고백성, 제재의 다양한 활용성도 빼놓을 수 없는 것들이지만 뭐니 뭐니 해도 수필은 읽을 거리, 읽는 재미, 읽고 무엇인가를 느끼게 하는 설득력을 지녀야 한다. 또 그러기 위해서는 아무런 규제나 제약이 없는 형식의 자유로움에 담아냈다고 해도 글 속엔 재미가 있어 즐거움을 체험하게 해줘야 하고, 그러기 위해서는 미적 가치를 찾아내 아름다움을 체험하게 해줘야 한다.

그런가 하면 단순한 읽을 거리가 아니라 읽고 새김으로써 음미에 값하게 하는, 철학적이거나, 정치적이거나, 경제적이거나를 막론하고 그 무엇을 일깨우거나 터득하게 하여 감동에 값하는 카타르시스를 체험하게 했을 때 비로소 수필다운 수필이 될 수 있게 된다.

유설자 님의 이번 수필집 『세월 따라 가는 마음』 을 일별하면서 느낀 것은 이 수필집이 크게는 사랑의 실천에서 작게는 개인적 정서유희까지 삶에서 체험되는 다양한 여러 명제들을 알맞게 수필에 담아내고 있다는 점이었다. 그 때문에 생경하고 산만한 부분도 없지 않았지만 그런 지엽적인 것들을 걸러내고 나면 수필의 정수에 가 닿는 여러 유니크한 면들을 지니고 있어 설득력으로 작용한다는 데 동의하게 될 것으로 믿어지는 것이 개인적 소견이다.

일찍이 영국의 시인이었던 사무엘 존슨은 수필을 지적해 "수필이란 마음의 자유분망이며 정상적이고 질서정연한 작문이 아니라 비정상적이고 미숙한 것"이라고 피력한 바가 있다. 유설자 님의 수필을 대하면서 이 말이 떠오른 것은 '자유분망'과 '미숙한'이란 두 요소를 유설자 님의 수필이 함께 지니고 있기 때문이었다.

수필집의 파트가 7부로 되어 있는 다양성과 광역성은 수필의 제재나 소재의 다양성만이 이런 의미의 확산을 통한 자유로움과 함께 수반되는 분망성이 조화로운 질서를 이끌어내는데 기여하고 있다고 보여 졌고, 그 때문에 표현의 묘에도 어려움이 있었을 것이란 점을 미루어 볼 수 있는 부분이라고 여겨진다.

자유로움은 분망을 필연화 하고, 또 표현의 질서에 장애요인으로 작용할 수가 있다. 이러한 연계맥락에서 보면 자유분망함과 미숙성은 수필문학의 숙명일 수도 있고, 이 점 유설자 님도 자유로울 수만은 없었을 것이란 추정은 어렵지 않은 부분이다. 또 이 점 유설자 님만이 아닌 모든 수필가, 수필문학 그 자체가 안고 있는 숙명성쯤이 될 수 있고 이를 존슨은 예문과 같이 지적했던 것으로 보아줄 수 있게 한다.

수필이 보여주고 있는 내용의 광역성, 그것은 파트가 보여주는 다양성도 있지만 각 파트마다에서 읽을 수 있는 의미의 다양성 때문이기도 하다. 각 파트를 다 말할 수는 없지만 몇 편의 수필을 제시, 포괄적 집약을 통해 함께 음미해 봤으면 싶다. 먼저 제1부에 수록된 수필 「가을 앞에서 숙연해진다」의 일부를 인용, 제시해 보기로 한다.

막상 돌아보니, 열심히 살아오긴 한 것 같은데, 최선을 다했는지는 솔직히 의문이다. 사랑하는 일에 또 겸손히 섬기는 일에도 최선을 다했는가? 열린 마음으로 나누는 일과 기도생활에도, 칭찬하고, 배려하고, 인내하는 일에도……. 가을 앞에서 숙연해진다.

계절이 환기시키는 정서적 정감이랄까, 자연의 결실이 가져주는 철리랄까, 자연을 벗해 교감하는 자연에의 경도라할까도 충분히 수필에 담아낸 수 있는 것들이다. 그러나 인용 부분에 볼 수 있듯이 '가을 앞에서 숙연'해지는, 엄숙성보다는 경건성, 경건성보다는 스스로를 성찰하는, 그리하여 자아를 돌아보는 귀한 성찰을 통한 가을과의 만남은 항용의 정서나 자연과의 친화력보다는 훨씬 값진 것으로 보아줄 수 있다. 일찍이 옛분들이 하루를 돌아보며 스스로를 발견하고자 했던 一日三省이나, 레오나르도 다빈치가 노을을 앞에 하고 잘 보내진 하루에 감사했던 그런 경건성만이 돌아볼 수 있는 자아의 발견은 수필의 차원을 읽게 해주는 부분이라고 말할 수 있을 것으로 본다.

한 편의 수필을 더 제시해본다.

마침 비가 부슬비로 바뀌고 정글을 빠져나오기 위해서는 말을 타야 한다니 어찌나 겁이 나든지. 생전 처음 말 안장에 올라 무탈하게 정글을 빠져 나올 수 있도록 안보해주신 주님의 사랑이 얼마나 감사하든지. 정글속의 밤은 길기만 하다.

중략

오늘도 불볕더위 속에서 사는 정글의 주민들은 유니폼 같은 알록달록한 원피스들을 입고 옥수수를 가루 내어 또띠아를 만드느라 분주하리라. 멕시코에서 제일로 가난한 치아파스주(州)에 주님의 한없는 사랑과 축복이 넘쳐나기를 기도한다.

제7부 여행 수필 중에서 임의로 고른 「마야의 유적지 팔란케와 정글 마을」의 끝부분이다. 단순한 여행기인 미지의 세계에 대한 눈요기라든지, 호기심이나 관심의 환기 차원과는 다소 먼 거리가 있다. 이보다 더 큰 의미를 지니는 부분이 있다는 뜻과 통한다.

여행 수필은 찾아간 곳에 대한 기록으로 끝날 수 있다. 그 때문에 외양에서 받는 인상, 이색성, 이방인이 된 정서적 해석 등에 의존되기 십상이다. 그러나 이 수필은 단순한 여행이 아니라 고행을 자청하고 떠난 선교활동을 목적으로 한 여행이다. 그 때문에 유람이나 주유와는 차원이 다른 산골·오지를 마다 않고 찾아가기 마련이고, 그 때문에 고행일 수밖에 없게 된다.

유설자 님의 여행 수필에서 읽을 수 있는 신앙과 신앙의 실천을 통한 자아구현은 돋보이는 언행일치 차원의 것들로 받아들여 무방할 듯싶다.

지면상 첫부분과 끝부분에서 각각 1편씩을 골라 수필 세계랄까, 내용을 일변해본 셈이어서 주마간산격이 될 수밖에 없다. 그렇긴 해도 수필을 통해 이해될 수 있는 유설자 님의 수필세계와 수필의 멋과 맛과 설득력은 능히 수필이 갖춰야할 그 중 중요한 부분들을 지니고 있어 수필다운 수필에 값한다고 할 수 있을 것으로 본다.

•

유설자 수필가는 평안북도 신의주에서 태어났다. 2005년『조선문학』에 수필로 등단하였으며 2006년『해외문학』에도 수필로 등단하였다. 워싱턴 여류수필가협회 부회장을 역임하였고, 현재 조선문학문인회 · 워싱턴문인회 회원으로 미주 한국일보 기고 수필가로 활동하고 있다. 수필집으로『도레미파솔라시도의 합창』,『세월 따라 가는 마음』이 있다. E-mail : suljayoo@hanmail.net

•

세월 따라 가는 마음

2013년 11월 20일 인쇄
2013년 11월 30일 발행

지은이 / 유설자
발행인 / 박진환
펴낸곳 / 조선문학사
등록번호 / 1-2733
주소 / 110-092 서울 서대문구 홍제2동 96-4
대표전화 / 02-730-2255
팩스 / 02-723-9373

ISBN 978-89-98115-37-1

정가 15,000원